文化语境下的
高等教育英语教学研究

封雨彤　姜　军　姚鹏华 ◎ 著

吉林出版集团股份有限公司

图书在版编目（CIP）数据

文化语境下的高等教育英语教学研究 / 封雨彤，姜军，姚鹏华著. — 长春 : 吉林出版集团股份有限公司，2024.6

ISBN 978-7-5731-5086-8

Ⅰ. ①文… Ⅱ. ①封… ②姜… ③姚… Ⅲ. ①英语－教学研究－高等学校 Ⅳ. ①H319.3

中国国家版本馆 CIP 数据核字（2024）第 110337 号

文化语境下的高等教育英语教学研究

WENHUA YUJING XIA DE GAODENG JIAOYU YINGYU JIAOXUE YANJIU

著　　者　封雨彤　姜　军　姚鹏华

责任编辑　张继玲

封面设计　林　吉

开　　本　710mm×1000mm　1/16

字　　数　188 千

印　　张　14

版　　次　2024 年 6 月第 1 版

印　　次　2024 年 6 月第 1 次印刷

出版发行　吉林出版集团股份有限公司

电　　话　总编办：010-63109269

发行部：010-63109269

印　　刷　廊坊市广阳区九洲印刷厂

ISBN 978-7-5731-5086-8　　定价：78.00 元

前　言

英语作为国际交流的通用语言，其重要性不言而喻。作为培养国家栋梁重要阶段的高等教育，英语教学扮演着举足轻重的角色。然而，传统的英语教学模式往往侧重于语言知识的传授，忽视了文化语境在英语教学中的重要作用。因此，本书将探讨文化语境下的高等教育英语教学，以期为提高英语教学质量、培养学生的跨文化交际能力提供参考。

文化语境是指语言交际活动所处的文化背景，包括社会习俗、价值观念、历史传统等。在英语教学中，文化语境的引入不仅有助于学生更深入地理解英语语言本身，还能帮助学生更好地适应跨文化交际的需求。通过融入文化语境，英语教学可以变得更加生动、有趣，从而激发学生的学习兴趣。

当前，高等教育英语教学在取得一定成绩的同时，也面临着诸多挑战。一方面，传统的教学模式过于注重语法、词汇等语言知识的讲解，导致学生缺乏实际运用英语的能力；另一方面，忽视文化语境的教学往往使学生难以适应不同文化背景下的交际需求，影响他们的跨文化交际能力。因此，高等教育英语教学亟须改革和创新，以适应全球化背景下的人才培养需求。

将文化语境融入英语教学，不仅有助于提高学生的英语综合运用能力，还有助于培养他们的跨文化意识和国际视野。未来，我们期待一个更加开放、包容、多元的英语教学环境，为培养具有国际竞争力的优秀人才奠定坚实基础。

由于笔者水平有限，本书难免存在不妥之处，敬请广大学界同人与读者朋友批评指正。

封雨彤　姜军　姚鹏华

2024 年 3 月

目　录

第一章　英语教学概述 1
第一节　英语教学的对象 1
第二节　英语教学环境的研究 13
第三节　英语教学的基本策略与方法 25
第四节　英语教学的基本思路与原则 35
第二章　英语教学中存在的文化误区 62
第一节　母语文化教学的缺失 62
第二节　目的语文化内容的缺失 70
第三节　英语教学中的文化定式 74
第四节　跨文化交际的语用失误 81
第三章　英语中的文化教学 95
第一节　文化教学概述 95
第二节　英语文化教学的策略 99
第三节　英语文化教学的载体 104
第四节　以文学教学为依托的英语文化教学研究 142
第五节　英语文化教学的两种路径 151
第四章　文化语境下英语教学探索 154
第一节　文化语境下英语教学的目标探索 154
第二节　文化语境下英语教学的教材探索 158
第三节　文化语境下英语教学的方法探索 161
第四节　文化语境下英语教学的师资探索 170

第五章　文化语境下英语教学法 175
第一节　文化语境下英语词汇教学法 175
第二节　文化语境下英语语法教学法 179
第三节　文化语境下英语听说教学法 187
第四节　文化语境下英语阅读教学法 206
第五节　文化语境下英语写作教学法 209
第六节　文化语境下英语翻译教学法 213
参考文献 215

第一章　英语教学概述

第一节　英语教学的对象

一、我国教育对象

主体性教育是根据社会和现代教育发展的需要，以启发和引导受教育者内在教育为主要需求目标，以将学生培养成为独立自主、自觉能动、积极创造地参与实践活动的社会主体为目的的一种教育模式。在整个教育活动中，学生是特定的认识主体和信息交换的主体，学生的主体性的发挥程度对教育活动的成效起着重要作用。

在新一轮的课程改革中，不再一味地强调教师的主体重要性，而是开始全方位地关注教育的双方，尤其是教育对象——学生主体作用的重要性。实施教育改革，进行素质教育，最基本的一点就是一定要转变学生的角色，让学生由知识的被动接受者变为主动接受者，变苦学为乐学。课程改革要求“坚持以学生为本，以学生发展为主体”。这就要求今后的课堂教学要着重关注教育对象，要以培养学生的基本技能、创新能力为主，让学生成为课堂的主人，教师成为课堂的“导演”，课堂上要让学生积极参与教学，充分发挥主体性。

（一）何谓学生

学生是一个特定的社会群体，既是社会存在的重要组成部分，同时又有着不同于其他社会群体的特殊性。

1. 学生是人

第一，学生具有素质全面发展、成为完整的人的可能。学生的特殊性表现在他们是处在不断地接受他人教育过程中的群体。无论处在人生的哪一阶段，一旦成为学生，那么在家庭、学校和社会当中，就要不断地吸收各种有用的知识，使自己不断成长。这种成长不仅包括生理层面，还包括心理层面。只有这样，才能使学生的素质得到全面的发展，并最终成为完整的人。

第二，学生带着“目的”学习，比如生存、学识、爱好等。在不同的年龄阶段，学生的目的也各不相同，唯一不变的是，学生的学习都是有存在的合理意义的，所参与的教学活动都是有章可循的。同时，学生是有情感的、有需要的，为了满足这些情感和需要，他们需要不断学习。

第三，学生具有人的独特性。学生区别于其他群体的独特性表现在其所在的环境和所要遵循的制度是特殊的。正如国家有国家的法制，公司有公司的规章，学生也有需要遵守的纪律。学校是社会中特殊的环境构成体，在这里，学生有区别于社会人独特的一面，即学生会在一个相对单纯的环境中学习各种生存和知识技能。同时，学生具有自我能动性，对社会、他人、自我有能动的作用。

2. 学生是发展中的人

在科技日益发展的今天，“学生”的范围也在不断扩大，现在的学生不再局限于年龄，很多成年人为了自身更好的发展，重返校园接受再教育。因此，学生的发展具有下列特点。

第一，作为未定型的人，学生具有发展的空间和潜能。现如今，传统意义上的学生是指在校的未成年人，他们的社会经验几乎是空白的，正因为如此，学生在学习中有足够的空间去选择。也正是因为这种未定型，学生才能被培养成为国家、社会所需要的人才。

第二，作为未社会化的人，学生具有发展的必要。学生的成长过程大都发生在校园里，对于社会中的人情世故了解甚少，因而在学习中，有必要对其进行正确的引导，从而使学生能够在离开校园踏上社会后，有足够的能力去应对各种问题，谋划自己的道路。

第三，作为未成熟的人，学生具有依赖性，需要成年人的保护、照顾和管教。作为没有任何社会经验的群体，学生的成长环境至关重要。如果缺乏必要的保护和管理，那么作为国家建设接班人的学生不知会发生何种变化，因而作为未成熟的人，更应该受到合理的管教。

（二）何谓学生的主体性

主体性是人最本质的属性，发展人就是要发展人最本质的属性。教育的基本功能就是促进人的全面发展，从这个层面上来说，教育的根本目的就是发展和培养学生的主体性。

学生是教育活动的主体，但关于学生的主体性特征，学术界存在着若干不同观点。学生的主体性并不是主体各种特性的简单相加，而是它们发展到一定阶段的结晶，是学生“在对象性活动中表现出来的本质特征”，这些特征是能动性、社会性、自主性、创造性。所谓主体性，指的是作为认识主体在处理外部世界关系时的表现。教学认识的主体性，一方面表现在对外部信息的能动的选择上，表现出自觉性、选择性。另一方面表现在对外部信息的内部加工上，受学生原有认知结构、经验、思维方法、情感、意志、性格等的制约，表现出独立性、创造性。人的主体性是由人的现实性、有效性、能动性、创造性和自主性构成的，主体性的特征包括整体性、自主性、能动性、创造性、独特性和发展性等。

（三）如何进行学生的主体性教育

1. 主体性教育的特征

主体性教育作为一种新的教育思想，继承和超越了传统教育思想，既保留了传统教育那些反映规律性的共同特征，又有自己个性鲜明的独特特征。

（1）科学性。教育的作用就是根据学生学习的客观规律，通过牵引作用引导学生积极思考和独立活动，从侧面将人类的认识成果转化为学生的知识财富、智力和才能，而不单单是灌输给学生思想观点，这样才能使学生具有合理的知识、智力和方法结构。

（2）民主性。民主平等的人际关系是指在师生关系中营造出一种活泼生动、和谐的教育氛围，这是学生主体性发展的基本条件和前提。教育的民主性主要体现在两个方面：一是把教育变成一种民主的生活方式，转变学生的角色，使学生在学习活动中发挥主体性，让学生可以生动活泼、自由地发展。二是要实现教育内容的民主意识和学生民主思想、民主精神与能力相结合，让学生在学习中逐渐培养民主观念，以民主化的教育培养富有主体性的新人。

（3）活动性。学生主体性的发展是以活动为中介的，学生只有投身于各种活动之中，其主体性才能得到良好的发展。学生在活动中形成并发展主体性，也就是说，活动是影响学生主体性发展的决定性因素。

2. 主体性教育的原则

学生是教育的出发点。从本质上讲，主体性教育是以培养和发展学生的主体性为目的的一种社会实践活动，这一点也决定了其定位是以育人为本，尊重学生的个性，把促进学生的主体性发展置于核心地位，充分调动学生的自主性、能动性和创造性，同时促进学生的全面、和谐发展。

（1）学生主体原则。活动是发展主体性的基础，是主体性的存在形式。在教育活动中，应该注重学生的主体能动性的发挥。这就要求教育要重视学生的自主活动，并为学生充分展示才能创造机会和条件。只有这样，才能使学生在教育活动中充分发展自己，为自我的主体性发挥积累经验。

（2）多样化原则。所谓多样化，是指教育过程中课程设置的多样化。在教育活动中，学生的知识和经验多数是以课程活动的形式获得的。传统的课程设置使学生的受教育形式受到很大的束缚，“大一统”的课程模式与我国的实际情况也很不适应。因而，为了更好地促进学生个性的全面、和谐发展，教师要对课程类型进行多样化设计，使学科课程与活动课程有机匹配、协调互补。同时根据实际情况设计地方课程，因地制宜，一纲多本，促进学生的主体性发挥。

3. 如何推动学生主体性教育

（1）转变教师的教学观念，突出学生在课堂活动中的主体地位。教师的正确引导对学生主体性的发挥有至关重要的作用。教师必须正确认识、认同学生在课堂学习中的主体地位，把学生看作课堂的主人，确定学生的主体性地位。在学习过程中通过启发、点拨、设疑、解惑等方式，引导全体学生参与，使传统的“一言堂”转变为如今的“群言堂”，引导学生参与学习的全过程。在培养学生的主体性学习方面，教师应做到：凡是学生能独立解决的，决不代替；凡是学生能独立发现的，决不提示；凡是学生力所能及的，都由学生自己凭能力解决。以此发挥和发展学生的学习主体性，使学生的智力、创造力在自主参与学习的过程中得到发展和提高。

（2）创设学生自主学习的课堂氛围。在传统教学课堂中，教师的权威地位神圣不可侵犯，在这种传统的强势环境中，学生的自尊心极易受到伤害，其个性和创造性也容易遭到扼杀。因此，倡导营造师生平等和谐的课堂气氛，有利于真正地实现有效教学和生动课堂，这也是培养学生主体性的重要客观条件。在课堂教学中，教师要积极地引导学生思考，鼓励学生发表自己的见解，并通过师生讨论获得新知识、新观点。教师要摒弃“满堂灌”的传统教学模式，给学生独立的思考时间和空间，充分调动学生的主体能动性。同时，教师对不同水平的学生要做到一视同仁，同时还要“因材施教”。对待学困生，要针对其不足提出相应的学习建议，对其要多一分关爱、少一些责骂，还要鼓励学生互帮互助，促使师生关系和谐，学生之间团结友爱，使学生更积极主动地参与学习。

（四）为学生主动参与教学活动提供机会

1. 设置认知冲突是提高学生课堂参与度的重要环节

学生的参与欲望是提高学生课堂参与度一个十分重要的影响因素，教师应充分运用这一因素，在教学活动中引导学生参与课堂活动。认知冲突是学生学习动机的源泉，它能为学生的学习欲望提供不竭动力，推动学生积极参与思维学习。所以，教师在教学中要不断设置认知冲突，激发学生的参与欲望。

2. 运用实验探究法充分发挥学生的主体作用

在实验探究教学中，教师要明确学生原有知识基础，对预期学习目标有明确认识，充分发挥自己的想象进行方案设计，通过实验，使学生对设计方案进行初步定位。同时，针对学生在实验中发现的问题，教师应主动设计问题分析环境，让学生参与到问题的分析、解决和讨论中，将传统的教师讲解这一学习方式转向互助合作，通过合作的形式调动学生主动参与学习的积极性。

二、学习对象与学习对象反思

（一）什么是学习对象

清华大学教授谭浩强认为，学习对象是带有教学目的的数字化信息单位。学习对象蕴含的原理主要是“搭建积木”。每一个学习对象都可以与别的学习对象进行重组，这和乐高积木的搭建有些相似，因此被称为“乐高法”。[①]我们对学习对象和乐高法的属性做了三项类比：其一，不同尺寸、颜色和形状的乐

① 谭浩强 . C 程序设计 [M]. 北京：清华大学出版社 , 2005.

高积木之间可以重组；其二，乐高积木能够以任何方式重组；其三，重组乐高积木非常简单，因此任何人都可以搭建出新花样。这个比喻说明学习对象具有灵活便利地创建新结构的潜能。

值得注意的是，目前的标准研发已经把重点都集中在学习内容上了，特别是在以下三个方面：第一，规定了不同学习对象的连接结构，即学习对象是如何组合或重组的；第二，规定了学习对象和数字化学习系统的传播结构，即内容管理系统或传递系统是如何使用学习对象的；第三，规定了学习对象的元数据字段，即学习对象是如何被具有标签意义的“标签”标识的。教育问题很难做到在结构、传播和元数据处理方式等方面都实现标准化，通常是因为要求建立的标准需做到“教育中立”。然而，即使是中立途径，也应该以保证用户可操作性和可移植性的方式来提供实施各样教学方法的机会。因此，学习对象主要是以灵活的方式，通过技术构造积木块来创建更大的结构，当然，还涉及能使得学习对象组合或重组的技术结构的界定和标准化问题，对非专业人员来说，其实很难确定学习内容标准化的程度是否恰当。因为标准实在太复杂，以至于只有专家才可以胜任，而且，几乎没有可靠的检测方式。通常学习对象不同方面的不同标准间的相互关系也是不明确的。

1. 教育学的研究对象是人

在《教育之基本原理》中，著名心理学家兼教育家桑代克（Thorndike）指出：“教育学是研究人类个体及其全部世界的相互作用，因此它必须研究人类本身及世界任何方面的改变，因为教育学应能供给有效的意见，使人们知道改变人们的本性以适应新的环境的可能性与合理性。”①

教育的三个基本要素中就包括教育者与受教育者，这两个都涉及人，教育属于一种高级社会活动，是只有人才能实行和参与的，这就决定了教育学研究的对象中必然有人这一要素。但研究对象中包括人这一要素的学科同样有很多，这就与上一观点殊途同归，从而使教育学无法真正区别于其他学科，其独立的学科地位也会受到影响。

2. 教育学的研究对象是教育现象

在对大量相关文献资料研读的基础上，将教育学的研究对象确定为“教育现象”曾是一个主流的趋势，居于主导地位。《辞海·教育心理分册》对教育学的定义就是：“教育学是研究教育现象，解释教育规律的学科。”华东师范大学金一鸣教授在《教育原理》一书中将教育学的研究对象定义为教育现象，把教育学的研究任务定义为把握教育的规律，其目的是指导教育实践。安徽师范大学刘伟芳老师在对教育研究对象做出大量历史性考察研究的基础上，提出“能够被反映为有价值的教育一般问题的教育现象乃是教育学（或更确切地称为教育学原理）的研究对象”。②

然而，将教育学的研究对象定义为“教育现象”显得过于笼统，人们往往无法真正了解究竟什么才是教育现象。从方法论的角度来看，将教育学的研究对象归结为“教育现象”并无不妥之处。但如今学者们有关教育现象的理解和

---

① [美] 桑代克，盖茨．教育之基本原理 [M]. 宋桂煌，译．商务印书馆，1935.
② 曲巍巍．英语思维与教学研究 [M]. 北京：北京理工大学出版社，2016.11.

定义还远远不够细致和规范，对其研究程度也不够深入，若教育学将其作为研究对象，便很难在此基础上构建科学的理论体系。此外，教育学的研究对象也并非能把所有的教育现象都囊括在内，教育现象属于客观存在，它本质上是一种社会现象，而人们在教育实践中还没有意识到它的存在时，我们很难将其定义为教育现象。即使意识到教育现象的存在，由于研究者对其没有研究兴趣，那么它也不可能成为教育学的研究对象。

3. 教育学的研究对象是教育问题

日本学者大河内一男在《教育学的理论问题》一书中，曾对教育学的对象进行了较为全面和系统的分析，得出了教育学的对象是“教育问题”的结论。在将“教育现象”作为研究对象而产生了各种问题之后，国内学者也开始将教育学的研究对象转移到“教育问题”上。如陈桂生在《教育学研究对象辨》中说道：“如果要对‘教育学的研究对象’问题有一个一般的回答，还是以采用‘教育问题’的表述最为恰当。”[①] 所以，将“教育问题”作为教育学的研究对象，是在“教育现象”观点基础上的又一次发展。华中师范大学教育学院杜时忠教授认为，“教育问题才是教育学的研究对象。理由是科学研究并不始于现象、事实或存在，而是始于问题”。

把教育问题作为教育学研究对象的学者认为，教育学要研究教育的基本问题，即最一般的问题，这些问题可以分为七个方面：什么是教育（教育本质）、为什么教育（教育目的）、谁来教育（教育者）、教育谁（受教育者）、教育内容、

① 陈桂生．教育学研究对象辨 [J]. 教育理论与实践， 1995（4）:4.

用什么方法教育（教育方法）、用什么形式来教育（教育组织形式）。这七个基本问题也就构成了教育，所以这种观点只是简单地将教育的七个基本构成要素罗列了出来，并没有表现或继续探讨它们之间的关系，但没有相关联系的孤立要素是根本不存在的。所以，从思维方法上来看，将教育学的研究对象确立为“教育问题”还停留于对象性思维上，只是把复杂的教育现象分割成单一的构成元素，将这些构成要素简单相加得出教育学的研究对象。除此以外，关于“问题”的定义也是多重的，这也容易导致歧义。所以，将“教育问题”作为研究对象，其表述还不够全面、清晰，容易引起争议。

教育学的研究对象是教育事实，在教育学史上，教育学的研究对象还曾被定义为“教育事实”，产生于德国的“描述教育学”学派、法国的实证主义学派就曾主张该观点。如菲舍尔采取实证与现象学方法，从客观的角度对教育事实加以研究和说明，尝试在经验的基础上，确立严谨而科学的教育学体系。

从上述观点中不难发现，将“教育事实”作为教育学的研究对象，会在一定程度上促使教育学朝着更科学的方向发展。尽管如此，它并不能全面地反映教育体系。在实际的教育活动中，所涉及的问题不仅是事实方面的，还包括价值、规范类等层面的问题。在教育实践中不可能做到绝对的情感中立，因此在研究方法上，也就不能只依靠描述和实证实验的量的研究，还需定性的质的研究。

（二）对教育学研究对象的反思

在对上述教育学研究对象的各种代表性观点研究的基础上，针对当今社会探讨什么才是教育学的研究对象，其首要任务是确定在什么意义层面上讲教育学。随着社会的发展和科技的进步，社会学、心理学等经验学科逐渐产生并发展，它们都在以自己学科独有的视角与研究方法来审视教育学，教育学不再是赫尔巴特式的近代意义上的“大”教育，而是日渐分化成一门具有庞大分支学科的学科群。有关教育知识的学科经历了由一门教育学到多门教育学科的发展过程，教育学发展到了教育学科群的高度。

20 世纪 60 年代，终身教育思想被提出，并逐渐变成了现实，“大”教育学所揭示的一般原理、基本观念和工作原理不再反映事实并指导实践。如此来说，近代意义上的教育学已经终结，存在的只是“教育原理”意义上的“教育学”。而在这种情况下考虑教育学的研究对象，就需要重新界定教育研究对象的前提，因此，对教育学研究对象的探讨，还应在上述五种观点的基础上进一步延伸与综合。

第二节　英语教学环境的研究

所谓环境，主要是指我们所研究的主体周围的一切情况和条件。它是人们生活于其中，并且影响人的一切外部条件的综合。这个外部条件的综合包括社会生活条件、社会关系的综合和自然条件的综合。这些从广义上讲，都属于教学环境（课堂环境、学校环境、学习环境等），因此它们都在某种程度上制约和影响着教学的效果。教学环境能够极大地影响教学效果，包括英语教学。

一、关于教学环境论

教学环境是一种特殊的环境。它是指与教学有关，影响教学，并通过教学影响人的因素的总和，具体指学校教学活动的时空条件、各种教学设备、校风班风、师生关系等。美好的、和谐的教学环境对学生有巨大的感染力，能激发其积极思考的动力，为学生愿学、爱学、会学创造有利的条件。所以，在教学活动中，教师必须为学生创造良好的教学环境，从而使教学取得事半功倍的效果。

二、如何创造良好的教学环境来促进英语教学

英语教学对学生终身发展的重要性不言而喻，随着社会的不断发展，社会对人才的要求越来越高，拥有一流的英语水平是基本要求。那么，要想增强英语教学效果，英语教师关键要做到以下几点。

（一）更新教育观念

首先，英语教师必须树立科学的教师观、学生观及教学观，充分尊重学生的主体地位，平等地对待每一个学生，给每个学生充分的爱。其次，教师应有效运用必要的交往技巧：给学生充分表达的机会，主动用心倾听；以学生为学习的主体，设身处地地为学生着想；有选择地注意学生在交往过程中表现出的积极面，以尊重和信任的态度对待学生。最后，充分调动每个学生的积极性、主动性，使之参与到英语教学过程中，以此促进和谐师生关系的可持续发展。

（二）讲究语言的艺术化

英语教学与母语教学不一样，学生接受的是另一种文化，所以英语教师必须讲究语言的艺术化，使学生在学习过程中有一种如沐春风的感觉。为此，英语教师要注意以下几点：教学语言贵在精练，应避免大话、空话、套话、无用的口头禅或喋喋不休；教学语言重在导向，应在教学过程中深刻发挥引导作用，以助学生思考问题、深入探究、解决疑惑；教学语言要新而善变，力求避免陈旧而呆板，以激活学生的思维，调动他们学习的积极性和主动性；教学语言应生动形象、富于情趣，给学生身临其境的感觉。

（三）利用现代多媒体技术进行教学

英语是一门理论与实践相结合的课程，教师仅仅传授给学生英语语法知识是远远不够的，还要让学生知道如何应用。因此，英语教师可以使用现代多媒体技术进行教学。如在课堂上播放英语原声电影或原声歌曲，让学生对英美文化有足够的认知，学会进行跨文化交际。

教学环境论给了我们很多启示，我们必须意识到学生是学习的主体，必须创建良好的教学环境以激发学生的学习动机和欲望，让学生愿意学、主动学，并促使学生积极运用，学会与他人进行跨文化交际与沟通，将理论与实践相结合，这样学得的英语知识才能长久，并为日后的发展奠定良好的基础。

三、语言环境对于英语学习的重要性

文化适应模式（Acculturation Model）为从环境及情感因素的角度来研究第二语言习得提供了理论基础。文化适应模式理论认为，第二语言学习者的语言学习效果取决于其对目的语言社团的“社会距离”与“心理距离”。从英语教学的角度进行研究，所谓“社会距离”，是指英语学习者与英语语言社团接触的紧密程度，其主要包含社会主导模式、融入策略、封闭程度、凝聚程度、群体大小、文化相似性、态度、打算居住的时间八项因素，它们彼此联系，影响英语学习者对英语的学习。

社会主导模式（Social Dominance Patterns）指英语学习者与英语语言社团相比的平等程度，包括“主导地位”“从属地位”“平等地位”。具体来说，如果英语学习者的群体在各个方面都要比英语语言社团先进，那么英语学习者学习英语的速度和水平不会得到显著的改善，因为英语学习者觉得英语没有母语先进，所以不会努力地去学并且心里会排斥英语学习；如果英语学习者的群体在各个方面都没有英语语言社团先进，他们学习英语也会很慢，因为此时英语会把他们的母语同化，使母语面临消失的境地；当然如果两个群体在各个方面发展得差不多，那么英语学习者学习英语的速度和水平会有显著的提高，因为他们在社会地位上是平等的，不会产生排斥，愿意学习先进的东西来提高自己。

融入策略（Integration Strategies）指英语学习者面对英语语言社团的文化时可能采取的态度和做法，包括“同化策略（Assimilation Strategy）”“保留策略（Preservation Strategy）”“适应策略（Acculturation Strategy）”三种。“同化策略”是指英语学习者面对英语语言社团时，放弃了自己原有的生活方式和价值观念，接受了英语语言社团的生活方式和价值观念。“保留策略”是指英语学习者保留了自己的生活方式和价值观，同时拒绝了英语语言社团的生活方式和价值观。“适应策略”是指英语学习者一方面保留了自己的生活方式和价值观念，另一方面也接受了英语语言社团的生活方式和价值观念。学习者保留自己的生活方式和价值观，不至于完全被英语语言社团同化，同时又能接受英语语言社团的生活方式和价值观，为自己的语言学习提供应有的文化背景，促进自己的语言学习。所以采用同化策略的英语学习者的社会距离最小，而采取保留策略的学习者社会距离最大。

封闭程度（Enclosure）：指英语学习者和英语语言社团共同享用社会设施、共同工作的程度，即英语学习者与英语语言社团接触的机会和时间多不多。如果接触少，封闭程度高，学习者没有习得英语语言社团的语言环境和文化环境，所得到的语言输入较少，那么学习者习得语言就慢；相反，他们得到的语言输入多，习得语言就快。

凝聚程度（Cohesiveness）：指英语学习者内部成员间的密切程度。成员间的密切程度低，学习者与内部成员的交流机会少，那么便会有更多的机会与英语语言社团交流，增加自己的目的语习得环境，加速习得目的语；相反，内部成员间的密切程度高，学习者与内部成员的交流机会多，与英语语言社团的交流机会少，失去了更多的在英语语言社团学习的语言环境，遇到问题时，通过内部成员就能够解决，不需要接触英语语言社团，那么学习者习得英语的效果必然会受到影响。

群体大小（Size）：指英语学习者群体人数的多少。群体大，那么内部成员的密切程度就低，学习者与内部成员的交流机会少，生存的压力就会迫使学习者与英语语言社团交流，就能获得足够的语言习得环境，从而学习英语的速度就快，效果也好；群体小，内部成员间交流的机会就多，学习者不会担心生存的问题，没有压力迫使学习者不得不与英语语言社团接触，与英语语言社团的接触少了，当然，学习者习得语言也就慢，效果也不够好。

文化相似性（Similarity of Culture）：指英语学习者自身的文化与英语语言社团的文化的相似程度。两个群体的文化相似程度越高，越有利于英语的学习。

态度（Attitude）：指英语学习者对英语语言社团的整体态度，包括正面态度和负面态度。英语学习者对英语语言社团的态度友好，愿意与之接触，并认同他们的生活方式和价值观，从而获得较多的交流机会，更有利于学习者的语言习得；英语学习者对英语语言社团的态度不友好，不愿意与之接触，那么所获得的交流机会就少，学习英语的速度就慢。

打算居住的时间（Intended Length of Residence）：指英语学习者是否打算在英语语言社团所在国长期居住。打算长期居住者的学习者更可能与英语语言社团频繁交流，因此会获得更好的学习效果。

除上述社会心理距离因素以外，文化适应模式理论认为还有一种“心理距离”因素也会对第二语言的学习产生影响。尤其是当上述社会因素对第二语言习得不产生影响时，个体和群体的心理因素就会发挥影响。“心理距离”是指英语学习者与英语语言社团由于情感因素而造成的距离。心理距离会对英语语言学习产生影响，其主要包含以下四个情感因素。

语言休克（Language Shock）：是指英语学习者在学习或者使用英语时所产生的挫败感和恐惧感，学习者在学习和使用语言时越害怕被批评、被嘲笑，则其出现的心理障碍就越大，与所学习的语言之间的心理距离也就越远。

文化休克（Culture Shock）：是指英语学习者在进入英语语言社团后，由于文化差异所造成的与英语社团交流时所产生的焦虑和抗拒情绪。越焦虑，出现的心理距离也就越大。

学习动机（Learning Motivation）：是指英语学习者在学习英语时所存在的融合型或工具型学习动机。带有融合型学习动机的学习者愿意融入英语语言社团，其心理距离较小；带有工具型学习动机的学习者是为了某种目的需要而学习，因而其融入英语语言社团的兴趣较低，心理距离也就相对较大。

自我渗透（Ego Permeability）：是指英语学习者越能与英语语言群体接触，则越能扩大自我疆界的渗透力，因此对英语语言社团的心理距离也就越短。

在文化适应模式中，“社会距离”就是“群体距离”，而“心理距离”就是“个体距离”。对于英语学习来说，其学习效果因人而异，其中有如年龄、学习能力、学习动机、学习态度等个体性非语言因素在发挥作用，但是由于这些个体差异不一定都很特异，因此决定英语学习的关键因素还是社会性因素，即使是最个人化的因素，如学习能力，在英语学习中，也往往与社会性因素相关。

四、英语教学中创设语言环境的方法

（一）运用浸入式教学方法创设英语学习环境

浸入式教学是指将外语作为教学语言的一种教学模式，即学习者在校园的全天或者半天浸泡在目的语的环境中，教师为学习目的语组织各种教育活动和生活活动。浸入式教学模式以“直接学习，类似习得”的学习方式在语言教学过程中突出目的语的工具作用，将目的语的学习和学习者的认知活动有效结合，在丰富的学习内容和活动中以形象、生动、直观有趣的呈现方式来提高目的语的可接受性和应用性。

英语学习者年龄越小，则其在第二语言学习过程中可能遇到的困难和心理抑制问题就越少。英语学习者应当以互动的方式开展英语学习，语言习得是一种自然的学习方式，是在有意义的语言交际中，通过对语言的理解和使用，自然而然获得语言学习的能力。有效的语言学习应当以互动的方式进行。语言交流对于语言学习者来说之所以如此重要，原因在于人们流利的说话能力并非直接从教授和训练中获得，而是在有意义的互动交流中自然习得。不同学科领域的教学应当有机结合，英语教学应当与不同学科知识的学习互相融合。英语学习还应当与日常生活密切联系。此外，英语学习应当给学习者带来愉快的体验，而非痛苦的经历。

创设浸入式教学环境要做到以下几点：第一，师生之间要建立平等、友好、和谐的关系。第二，教师要开设形式多样的课程，为学习者创设全英语的学习环境，追求“教师不教而教，学生不学而学”的佳境（此项主要针对专业的外语学校而言）。第三，教师在开展教学活动时，要肯定、赞赏，并鼓励其有效语言的回应。第四，教师要运用直观、形象和形式多样的教具，如多媒体、录音带、教学光盘等来辅助教学；第五，教师要创设生动、活泼、多样的情境活动，增强语言的学习趣味，提高学习者的学习积极性和主动性。

（二）利用英文原版电影进行英语教学

英文原版电影语言真实、诙谐幽默，是促进英语教学的有效工具。一部好的英文原版影视作品，既能涵盖英语语言学习中的语音、语调等要素，又能通过有声有色的画面反映英语国家的社会文化和风俗习惯。在英语教学过程中，欣赏英文原版电影有助于为学生创设语言学习环境和氛围，提高学生英语基础知识和听说读写各方面的能力，使学生从自我兴趣和生活经验出发，在学习过程中形成积极的情感态度、主动思维和大胆实践，提高综合语言的自主学习和运用能力。

在实施英文电影赏析这一情境教学方法之前，教师必须慎重选择教学影片。英美电影作品繁多庞杂，并非每一部作品都是精品，都适合英语教学。当然，所有的英文原版电影从故事情节上说，都具有休闲娱乐功能，但是若忽视了选择标准，只停留在休闲娱乐的层次上，最终只会浪费课堂教学的宝贵时间。为了保证课堂教学的质量，教师必须按照内容是否健康向上、能否切实反映英语国家的主流文化、是否具有深刻的教育意义等标准来对影视作品进行筛选，选择语言多样化、文化内涵丰富的影片，如《勇敢的心》《死亡诗社》《放牛班的春天》《辛德勒名单》《肖申克的救赎》等。此外，为了使学生对影片能有较为全面、深刻的了解，教师应在上影视欣赏课之前，将准备播放的影片中所涉及的历史文化背景知识、人物简介、重点生词、难句等提前印发给学生，让学生提前预习相关内容，为观看电影做好充分的准备。在观看影片的过程中，教师应该组织灵活多样的练习活动，如角色扮演、自主提问等，继续深化学生的学习体验。课后，教师还要有意识地引导学生进行不同形式的英语技能训练，如小组讨论、写影评、学生自主推荐喜爱的影片供下次欣赏等，以提高学生的学习主动性，强化课后学习效果。

英文原版电影教学是当前英语教学活动中广泛使用的教学方法，在长期的教学实践中收效显著，深受学生的喜爱。但是开展此教学活动切忌从头到尾放映电影，教师要正确处理好电影教学与正常听说教学的矛盾，紧紧围绕英语教学的目的，恰如其分地推进影视教学，提高英语教学效果。

（三）创设自然的语言环境

语言是交际工具，只有在特定的语言环境中才能获得。对于母语习得者而言，在自然、真实的语言环境中，可通过正常的生活和学习在耳濡目染中学习，并熟练运用语言。而对于大多数第二语言学习者来说，由于缺乏第一语言环境，多是在母语环境下学习第二语言，这给第二语言的学习造成了重大障碍。为了最大程度减少语言学习的障碍，针对目前英语教学，学校和教师应通过以下三种方式主动为学习者创设一个自然而真实的“准自然语言环境”。一是在课堂教学中尽量采用英语授课，增加“可理解性语言输入”，从而培养学生的英语思维能力，减少母语所造成的负面干扰。二是根据每个单元的特点和主题采用不同的导入方法，并对其精心安排。三是结合课程内容，开展角色扮演以及点菜、问路、看病等现实生活模拟活动。

总之，笔者在多年的英语教学过程中发现，我国学生在学习英语这门语言的过程中的确存在“社会距离”和“心理距离”，并明显影响着其学习成绩。由此看来，倘若拉近学生对英语语言的“距离”，就会提高学习效果。在英语教学中创设语言环境，降低社团之间的优势差异，打破社团间的封闭状态，采用融入策略，将有助于英语学习者了解目的语与母语的文化差异，从而学会接纳英语文化。作为非现实社会，在课堂上为学生营造不怕犯错误、透过错误不断改进学习方法的愉快学习环境，帮助学生克服心理障碍，不失为当前值得借鉴的一种英语教学方法。

五、英语教学中校园英语环境的建设

良好的英语环境对于学习者有着潜移默化的作用，为学生提供尽可能真实的材料和语境，已经成为当前英语教学面临的一项任务。为此，我们有必要从英语教学与日常生活的环境入手，对学生每天接触最多的校园软硬件环境进行改造和建设，使之有利于英语语言习得，并最终激发学生提高英语综合素质的内在动力。

（一）英语教学与校园硬环境的建设

校园硬环境主要是指校园及课堂的基础设施和教学环境，是学生每天学习生活的主要场所。加强校园英语硬环境建设，最能激发学生学习英语的兴趣，培养学生理论联系实际、学以致用的实践能力。例如，在校园的各处建筑、景点，教学和办公等场所，可以布置双语的标识牌，外语教学单位的宣传板或通知栏中都可以使用英文作为工具语言，进而营造出浓厚的英语学习氛围，培养学生对周围事物的语言认知；在图书馆、教室等学习场所，可以提供英文杂志、英文原版书籍、英文原声影视音像等英语资源，让学生在寓学于乐中增加对英语的感性认知；在学生的日常生活场所，我们还可以建立英语角、英语沙龙、英语咖啡屋等交流空间，吸引和鼓励学生进行互动交流，让英语走出课堂、走进生活，为学生提供以英语为交流工具的真实环境，提高他们对日常生活的英语语言习得水平。同时，在校园硬件环境的各处细节中，也要有融入英语的意识，如校园广播安排形式多样的英语节目，电视频道里增加英语新闻频道，校园增设英文网站等，这样便可以让学生随时随地置身于英语的环境中，在潜移默化中培养学生的英语语言习得和使用习惯。

（二）英语教学与校园软环境的建设

校园英语软环境建设主要是指英语语言及相关文化背景知识在日常教学和生活各个环节中的合理使用和有效介入，对于促进学生形成英语语言习得具有示范引导的作用，有利于培养学生的跨文化交际意识。通过校园英语软环境建设，英语教学常常会取得更为显著的效果。

首先，教师要保证在英语课堂中全程使用英语授课，鼓励和督促学生在能力范围内使用英语进行课堂互动，在教学中合理使用英语教学课件和辅助设备，创造一个用英语思考和研究的教学氛围。其次，在课堂以外的教学及教辅人员要处处起到模范带头作用，英语教师可以将英语作为主要交流语言，给学生课下答疑或课外辅导时尽量使用适合学生水平的英语表达，只有教师起到“时时用英语”的表率作用，学生才会达到“处处练英语”的学习效果。另外，在校园学习生活中，我们还应该为学生更多地安排与英语有关的学习和文化活动，如组织各类英语演讲、辩论、影视配音、翻译比赛等，让学生在竞争中认识到自己的不足，增强英语学习的进取心；组织各类与英语和西方文化有关的戏剧表演、文化节、创新实践活动等，让学生增强英语学习兴趣，开拓文化视野，提高应用水平。当然，校园英语软环境的建设还远远不止这些，学校、院系和教师必须注重影响学生英语水平的环境因素，处处为学生创造有利条件和实践机会，努力做到这些，英语教学效果便会从量变达到质变的飞跃。

传统的英语教学一直面临着教学内容单调、没有真实语言环境、实践机会缺失等诸多问题，而良好的校园英语软硬件环境具有情境真实生动、语言丰富多样、理论与实践结合紧密等特点，不仅可以丰富教学资源和教学手段，极大地提升学生学习英语的积极性，还有利于学生在生动真实的语言环境中感受到地道的英语语言表达，获得语言知识，并了解所学语言的运用环境，从而在潜移默化中提高英语的综合运用能力和实践水平。

第三节　英语教学的基本策略与方法

一、英语教学的基本策略

随着世界经济的发展，各国的经济文化来往日益频繁，英语作为沟通的工具越来越受重视，英语教学已经成为中国乃至世界发展中的一个重要组成部分。

（一）语音是基础，须采取肯定的教学方式

语音是英语教学的基本和根基，发音是一切语言的基础，之后的阅读、口语和写作等都是在此基础上搭建的体系。语音教学之所以重要，是出于对学生心理层面的考虑。如果学生对自己的发音充满自信，那么就敢于开口、乐于开口。应试教育下的学生在学英语方面普遍存在“哑巴英语”现象，归根结底是发音没学好，或者是虽然发音规则掌握得非常熟练，但由于缺乏自信，从一开始就羞于开口。

另外则是标准体系问题。为什么会有那么多学生学习英语十几年，但还是“羞于开口”，难道他们真的是“害羞”吗？不是。更准确地说是不自信，大多数英语学习者（无论是在校学生，还是参加继续教育的成人）基本上向老师提出的第一个问题是“我的发音好像不好”或“我不太确定我的发音是否标准”，这其实就是语音评价标准问题。什么样的发音叫作“好”呢？作为非母语的英语学习者，发音方面要与土著发音完全一样是有一定困难的。因此，帮助学生

树立正确的评价标准是引导他们树立信心的关键。正确疏导学生，让学生了解纵使母语国家的不同地区、不同年龄或性别的人，在发音上也无法做到完全相同，引导学生不要因为标准过高而自我否定，缺乏信心，并在后续的学习中焦虑重重。

英语语音教学的三大关键是：严格传授知识、树立正确的评价标准、鼓励学生树立信心。英语语音教学中首先要严格传授知识，让学生全面细致地掌握发音及发音规则。其次，要让学生对语音的好坏具有正确的认识，帮助学生肯定自己，鼓励学生树立坚定的信心。最后，在传输知识、及时纠错的同时，应采用肯定的教学方式，不断鼓励学生，培养学生对自我发音的信心，正确引导学生树立对掌握语音的自信心。

（二）语法教学必不可少，但一定要掌握适度原则

谈及英语语法，目前存在两种相悖的观念。一些人认为语法学习至关重要，应高度重视语法。在应试教育的引导下，我国的英语教育围绕语法，多角度全方位地出题，对英语语法试题研究透彻，以至于学生平时训练的语法习题越来越精，甚至学生对英语语法的掌握已经大大超过了以英语为母语的人。但实际上，大部分人学习英语是为了它的实用性，为了沟通、交流以及查阅资料，那些过于高深的语法在现实生活中很少涉及。况且过分地看重语法，将学生的思维引导到从语法的角度思考英语，一看到句子，首先就是分析其句子成分和时态，导致英语的实用功能完全消失。于是，一些曾经受尽语法“残害”或对此类现象不断反思的人举起了反对旗帜，他们完全否定语法学习的必要性，甚至认为一旦学了语法，就无法真正掌握英语。他们认为英语学习根本就不应该学习语法，

而是应该从听说读写等实操入手，在不断的练习中自然而然地掌握英语，使英语成为自身的本能。

如果将英语学习比喻成一栋房子，那么语音、词汇是砖瓦，语法便是钢筋支柱。英语毕竟不是我们的母语，毫无框架完全靠自然而然习得是非常困难的。况且我们生活在说中文的环境下，语言表达和思维方式始终逃离不了中文的语序、语感。

语法的教学内容要适度，既要全面覆盖常用英语的情况，又要防止研究过深。因此，在英语教学中强调语法内容一定要适度、实用。注重语法的实用性，并通过实际运用、反复练习帮学生充分掌握语法规则，使学生能够灵活运用，快速反应。所谓熟能生巧，也就是当这一内容被反复提起、运用，渐渐就形成了语言的框架。当这个框架根深蒂固地扎根在脑海时，其语感、思维方式便随之逐步形成。随后在运用的过程中，不需要去重温语法条例就能自如、准确地用英语表达时。因此，英语语法教学一定要把握好两大原则：内容适度和反复练习。

（三）语用教学应当抓住重点，引导学生形成语感和英语思维方式

语用，指的是语言的实际运用，包括听、说、读、写等一切语言使用行为。也可以理解为设置一种场景，安排一项任务，让学生使用所要求的语言去完成。因此，语用教学包括听力、阅读、会话、写作等多项内容，其采取的方式也是多样化的。语用教学应当帮助学生把握好任务的中心，比如听力的目的是听懂会话或演讲；会话要求交流畅通；阅读重在明白大意，把握中心意思；写作则是用英语构思、用英语阐述。

同时，在语言实用教学的过程中，帮助学生获得语感也是十分重要的，而且语感的形成应当尽可能借助潜移默化的功效。最好在英语教学中多设置一些英语交流环节，促使学生用英语去思考，潜移默化地培养学生的语感。例如，阅读要求学生理解文章，如果学生遇到一两个新单词，就马上去查词典，那是低效的。可以先“跳过”生词，继续阅读，通过大意推测生词含义，最后通过查阅词典，准确记忆。

又如英语场景对话，尽量引导学生不要带着强烈的语言分析心理，特别是要放弃对英语表达的正误判断及语法研究的心态。要引导学生沟通交流，明确交流的目的是明白整个场景的对话，并努力使自己的表达能为他人所理解。这里需提醒的是，千万不要因为过于强烈地想表达自己的意思而借助中文，很多人先把自己的意思用中文表述出来，再将其翻译成英语。这种方式严重阻碍了英语语言思维方式的习得。

所谓英语语言思维方式，是指用英语思维。如在英语语言思维方式下，若认为一道菜好吃，其表达不能是“这道菜好吃”，而是“It's so delicious.”英语语言作为一种语言思维方式，它是一个整体，依赖中文实际上还是中文的语言思维方式，只是为了表达，在脑海里又将其翻译成了英语。对于一些单词记忆牢固、语法精通的学生来说，这种先用中文思考，然后在脑海里翻译成英文的方法很管用。但这并不能真正地掌握好英语，其英语水平会止步不前，最终无法做到表意流利和发挥自如。

所以，在英语听说读写译等技能教学中，教师应当设置好环境，把握好重点，正确培养学生的语言思维方式和目标方向，充分运用潜移默化式的教学手段，帮助学生形成语感，使英语思维成为一种本能。

二、交际法教学与语法教学相结合在英语教学中的应用

英语语法的学习是学习英语和运用英语的枢纽。随着中国的国际化，越来越多的人开始提倡交际法教学，交际法教学与语法教学相结合在英语教学中的应用也成了一个重要课题。

（一）传统语法教学方法及其利弊

1. 传统语法教学方法的常见方式

传统语法教学方法的常见方式有两种，即归纳和演绎。在英语课堂上，以演绎为主，即教师讲解语法知识，然后学生进行习题练习。还有一种就是采用归纳的方法，这要求学生从所给材料中归纳出语法结构、意义和用法，但是这种教学方法的运用并不是很普遍。

2. 传统语法教学方法的优点与缺点

（1）传统语法教学方法的优点。传统教学方法有听录音、板书、写教案等多种形式，学生可以有足够的时间做好课堂笔记，以便复习之用。

（2）传统语法教学方法的缺点。相较而言，传统语法教学方法显得特别单调、乏味、枯燥，难以激发学生的学习兴趣，也不能让学生更好地融入课堂。

（二）交际法教学

1. 交际法教学概况

（1）交际法，又称功能法（Functional Approach）或意念法（Notional Approach）。语言学家海姆斯（Hymes）和韩礼德（Halliday）的理论为交际法教学的产生奠定了坚实的基础。20 世纪 70 年代，交际法教学诞生，对学生学习英语有很大帮助。众所周知，学习英语语法的目的是培养学生使用英语进行交际的能力，让学生和外国人交流时能够更加通顺、更加流利。交际法把培养学生的语言能力放在教学的首位，采用的语言材料也是真实的、地道的，提倡把句型融合在情境中来学习，鼓励学生不要把英语作为负担，应尽量多接触和使用英语。通过交际法教学，学生能够很好地运用英语，在英文环境里充分发挥语言的工具、调节、互动、交际、启发、想象和表达的功能。

（2）交际法教学方式。交际法教学的方式有很多，其核心就是学生成了主角，教师可以通过创设语言情境，让学生在真实场景中体会英语语法的运用，也可以通过游戏的方式让学生了解地道的英语使用情况。这样，既有利于学生灵活地学习英语，也有利于增强学生的自信心。

2. 交际法教学的优点与缺点

凡事有利也有弊，我们应该正确认识交际法教学的优缺点，合理地使用交际法教学。

（1）交际法教学的优点。交际法教学以学生为核心，能够发现学生的实际需要，解决学生在实际学习中产生的问题。同时，交际法教学强化了交际能力培养的重要性，促使学生在一定的社会环境中恰当地使用英语进行交流，使学生与外国人交流不再出现尴尬窘迫的情景。除此之外，交际法教学也有利于培养学生和老师的关系，真正实现老师“良师益友”的角色。

（2）交际法教学的缺点。目前，交际法教学仍然存在很多问题，如，如何推进教学大纲的相应改变，如何让编排语法项目的体系性得到保证。学生可能在体会交际法教学轻松快乐的同时，难以对语法知识产生足够的重视。此外，交际法教学有时会喧宾夺主，使学生训练时间减少。学生更多的是通过眼睛，而不是耳朵来判断谈话内容，长期下去并不利于语言的学习及听力的训练。还有，交际法教学的最大弊端在于缺乏课后训练材料，不利于学生复习。

（三）交际法与语法教学相结合在英语教学中的应用策略

1. 交际法与语法教学相结合的实施办法

（1）师资力量的调整。交际法教学能否和语法教学结合在于教师是否具备足够高的教学素质和现代教育技术应用能力，教师如果能同时兼顾英语教学需求和课件技术，运用创新理念，就能制作出生动形象并且极具感染力的课件。在此基础上，教师还应该不断地钻研国内英语教学理论和实践的成果，更好地掌握将语法教学融入交际教学中的意义和原则。

（2）多媒体教室的充分利用。多媒体技术的出现为教学改革，特别是我国英语的课堂教学改革提供了新的机会，教师应能够适当地利用多媒体具备的声音、图形、动画等特殊综合处理能力及其强大的交互性，制作生动活泼的多媒体课件，从而充分创造出一个集图片、文章、音频、视频、动画于一体的教学环境。

2. 交际法与语法教学相结合的成果

总体而言，培养学生听、说、读、写等能力是英语教学的整体目标，提高学生的整体语言水平也是教学工作者的共同期待。在重新明确语法教学在交际法教学中有存在的必要的基础上，教师需要研究的是语法教学在培养学生交际能力中的作用。研究交际法教学与语法教学相结合在英语教学中的应用意义。交际法教学与语法教学如果能很好地结合，那么中国学生摆脱“哑巴英语”困境便不再困难。

三、改进英语教学方法

语言是一种行为，教师有责任多给学生创设运用语言进行交际的机会，从而使其学会流利地使用语言。教师要尽力安排一些语言活动，使学生感到所学语言在课堂外仍然有用。另外，教师可以要求学生用所学语言自行组织活动，从而使学生清醒地意识到英语在实际生活中的用处。教师也要给学生提供更多的正确语句，使他们明白中英两种语言之间的差异，从而弥补语言学习的不足。语言服务于生活交际的需要，只有把语言作为交际工具来使用，学习者才会获得更多的东西。

因此，应重视英语教学方法的研究和改进工作。通过改进教学方法，学生能够掌握更多的英语知识，提高英语水平。

（一）常用的英语教学方法

国内外出现了诸如语法翻译法、直接法、听说法、视听法、认知法、情景法、暗示法、六步听写法、四步连读法、情境教学法、交际法、折中法等教学方法，这些方法对我国不同时期的英语教学都产生过较大的影响，并对我国英语人才的培养产生过积极的作用。

（二）改进英语教学方法

1. 采用电化教学，编制教学软件

第一，加强电化教学在英语教学中的作用。电化教学对英语课堂教学可起到创设情境、激发学习兴趣、增加知识、提高学习效率、学习地道英语等作用。采用直观的电化教学手段来启发学生的思维，从中寻求他们的优势，创造情境，帮助他们树立信心。电化教学能让学生在课堂上见其形、听其声，能把语言和形象结合起来，把视觉、听觉和动觉结合起来，使学生的多种感官参加记忆，通过多种渠道输入信息，使学生对语言知识的记忆更加牢固和准确，语言技能更加熟练。电化设备还能提供地道的英语语音和语调，便于学生听音和模仿。

第二，课件及其实用性。计算机辅助教学（Computer Assisted Instruction，CAI）作为一种教学手段，在技术上不同于其他任何一种教学手段，其实用价值越来越大。目前通常采用的 CAI 模式有六种：练习、个别指导、对话与咨询、游戏、模拟、问题求解。在具体的教学过程中，根据教学内容表达的需要和教学目标的要求，可在不同的内容或不同的教学环节中交叉使用这些教学模式。英语教学课件的制作要根据学生的现状、教材、教学的实际要求，从实用的观点出发，由教师自己动手设计课件和编码制作。课件要强调实用性和可操作性。使用 CAI 技术对提高学生的学习成绩和应用英语的能力都有显著的效果。

2. 将语言知识转化为语言运用

语言知识是为交际能力服务的，语言知识也只有通过言语交际活动，才能被牢固地掌握。

听说读写技能是互为依存、相互促进的，要想使学生的这四种技能发挥最大的整体效应，使学生的知识向运用能力转化，可从以下三个方面着手。

（1）做到语言基础知识与基本技能的有机统一。听说读写四种技能既是教学的目的，同时又是教学的手段。语言基础知识的传授必须通过这四种技能才能得以实现。

（2）理解和领会英语的教学原则。只有明悟原则，才有可能使英语教师在教学实践中站在宏观的角度来考虑教学中的问题。

（3）增加阅读和写作数量。教师可适当地增加抄写、听写和适量的语法练习，以解决学生读写能力差的问题。

3. 强化文化背景知识传授

由于文化背景不同，语言的使用形式也不同。如中国人常问对方“你多大？”即使与对方刚刚相识，此话也无伤大雅。而对于西方人，尤其是对于女士来说，这个问题是绝对忌讳的。中国人常谈工资收入问题，而对于西方人，这样的话题是难以接受的。另外，同一个词在不同的文化背景中意义也不同。如汉语中“狗”一词，在中国人看来是贬义的，可以用来描绘所厌恶的人。可是在美国，“狗”是家庭成员之一。因此，同一个词在不同的文化背景中，意义可能不同。我们要掌握和运用一种语言，就必须了解产生这种语言的社会文化。

第四节　英语教学的基本思路与原则

一、英语教学的基本思路

我国基础教育在应试环境的压力下，仍把升学率作为培养学生的终极目标。教师教得辛苦，学生学得痛苦，课堂只重视传授应试的知识、技能和能力，无视学生的个性、差异化和身心发展的内在要求，严重阻碍了教学的改革。尤其是在英语教学中，存在着重语言知识、轻交际能力的倾向。大容量、高密度地向学生灌输书本知识，许多人学习了十几年的英语，还是无法用英语与外国人交流。为适应时代的需求，对英语教育进行认真的研究和深入的改革势在必行，这对全面推进素质教育，实现教育面向现代化、面向世界、面向未来具有重大意义。因此，21 世纪的英语教学要注入以下新思想、新理念。

第一，教师应注重自身素质的全面提高。英语教师应该加强各方面教育理论的学习，特别是有关英语教与学的心理知识的学习，研读学校英语教学有关报刊等，不断提高教学水平。

在加强自我学习的基础上，英语教师应积极参加再教育学习，接受再培训，不断提高自身的专业水平，进行知识更新，甚至是教育理念的更新，不再只是传授知识，而应该给学生提供更多的学习方法。教师也要不断提升自己的语音、语调、听说、师范技能以及现代化外语教学技术应用应用等能力，可以到外校观摩学习名师的教学方法和教学技巧，亲身体验、灵活使用教学资源，学习能够发挥学生主体作用的教学技能。在教学工作中，教师应多开展教研教改活动，经常听课、讲课、评课，与同事们交流，组织集体备课，进行课堂教学专题研究、优质课评比等活动，相互学习，共同提高，从而促进教学工作，提高教学教研水平。英语教师还可以通过自制教具、创设情境等方法活跃课堂氛围和强化课堂教学效果。

第二，教师应以素质教育为基础，倡导人性化英语教学模式。人性化教育，又称人本教育，体现了在教育过程中知识接受者的主体地位。随着知识经济在全世界的兴起，人性化教育作为一种世界性的教育潮流，已成不可阻挡之势。树立主体意识，造就独立人格，已成为现代国际教育思想变革的一个重要标志。任何教育必须充分考虑到学习主体的个性化特征。

第三，“教授型”学习转变为“自主型”学习，培养学生合作学习。以前是“灌输式”教学，教师是课堂的主宰，学生是被动接受知识的“容器”，被动地回答老师提出的问题，思维处于僵化状态。因此，为了扭转这一局面，老师要努力贯彻“自主”“合作”的理念，改进教学行为，优化学习方式，激励学生的学习热情，引导学生自主学习。适时介入小组合作学习，通过互相合作，培养学生合作解决问题的能力，进行探究性学习。

第四，教师应使教学方法和教学手段多元化，实施网络环境下英语教学新模式。现代社会信息渠道的多元化必然导致学生获取知识渠道的多元化。现代教学应从实施素质教育的高度出发，通过多种教学形式，将学生学习能力的培养有机地渗透到整个教学过程中。为此，教师应努力探寻和运用行之有效的教学方法和手段，通过对形式多样、效果显著的教学方法的尝试和运用来充分调动学生学习的积极性。

语言是文化的载体，也是文化最主要的表现形式。语言离不开文化，文化依靠语言。不同民族有着不同的文化、历史、风俗习惯和风土人情等，各民族的文化和社会风俗又都会在该民族的语言中表现出来。英语教学作为一种语言教学，当然也离不开文化的教育。比如，英语词汇在长期使用中被赋予了丰富的文化内涵，所以我们在教学中要注意对英语词汇的文化内涵和文化背景的展示和介绍，以避免学生望文生义。作为第一线的英语教师，必须在学习和实践中不断更新教育教学观念，不断适应时代要求，从教育教学的实际出发，不断学习，不断探索，积极投身到素质教育的伟大实践中，走进新课程，拥抱新思想，迎接新挑战。

二、不断探索英语教学新思路

教育的根本任务在于启发学生的创造力，鼓励学生创造性地表现，以增进学生创造才能的发展。就创新教育的内涵来看，它是教师通过课程内容及有计划的教学活动，以激发和增长学生创造行为的一种教学模式。

（一）英语教学现状分析

现实教育中存在着大量陈旧的、片面的、急功近利的因素。具体表现为：强迫依从，课程完全依从教师决定；强调权威，禁止自由学习，强制学生只能依指导进行；教师的固执使得学生不敢表示异议；以成绩为主，忽视新发现；过分注重确切性，只注重单一标准答案的寻求等。

（二）培养学生创新能力的关键——教师

教师要转变教学观念，要有创造意识，要不断改革教学方法，创造新的教学方法；要掌握教育和教学的艺术，懂得怎样组织教学才能适应创新教育的要求；教学中还应帮助学生养成发散性思维习惯。

三、英语教学中实施创新性思维教学的途径和方法

（一）设疑启智，创设情境，营造氛围，提供创新环境

教育心理学研究表明，学生在心情舒畅、情绪饱满的状态下，大脑皮层会形成兴奋中心，创新思维也容易被激活。这就要求教师创设一个和谐、轻松的教学气氛，发挥教师的主导作用，突出学生的主体地位。英语课堂教学中的每一个教学步骤都应多设信息沟，层层递进，可根据一定的教学内容或语言材料，设计适量灵活性较大的思考题，或让学生从同一来源的材料或信息中探求不同答案，培养学生发散的思维能力。设计此类思考题，让学生进行讨论、争论和辩论，既调动了学生运用语言材料组织新的语言内容的积极性，又训练了学生从同一信息中探求不同答案的求异思维能力。

（二）培养自立探究，寓创新思维于英语教学中

素质教育是人才的教育，学生需要获得能够继续获取知识和能力的科学方法，良好的学习方法能使学生更好地发挥天赋和能力。学生应该是课堂学习活动的主体，教师应注重培养学生的独立学习能力，给予学生独立思维的时间与空间，让学生在学习中学会获得知识的方法，以达到培养创新意识、提高创新能力的目的。教学中，教师可以通过词汇、句型、语篇教学等启发学生的创新思维。

在带领学生进行语篇分析时，应注意培养学生思维的多样性和灵活性。教师引导学生在对某一概念或问题进行理解时，不应局限于某个既定的范围，而应在时间和空间上做些拓展或变换角度。比如，在分析 *The World Around Us* 一文时，笔者曾向学生提出了一个问题："What do plants and animals need to survive?" 有些学生会给出同样的回答："Food，water，oxygen，etc." 当再被问及 "What are people's food and clothes mainly made up of ?" 时，学生会回答："Vegetables，meat，rice，plants，etc." 这时，教师应启发学生的发散思维，将他们的思维引向更深层次，比如教师可以引导："Then these food and clothes mainly come from plants and animals.So human beings can not survive without animals or plants.Therefore our human beings must protect the environment and ecosystem，or we will be punished seriously by the nature." 这样由衣服和食物引到环保话题，达到素质教育的目的。

（三）培养发散思维，提高创新思维能力

讨论式、质疑式的教学有利于学生发散思维、创新思维的发展。要想让学生想象丰富、积极探索求异、坚持独立见解，教师就要善于挖掘教材中蕴含的创造性因素，通过设疑和创设情境，给予每个学生参与的机会，让学生积极运用所学的知识，大胆进行发散创造。

在课文教学中，教师要善于设计新颖别致并能引起学生共鸣的问题，让学生在独立思考的基础上，再进行集体讨论，从而集思广益。也可以用所教的知识，让学生自由地求异发散、编写新的内容。如教完一篇文章之后，可以在黑板上

列出几个关键词，让学生自己去编一些内容。这样会使学生相互启发、相互交流，带着创新意识灵活运用语言知识，让学生凭自己的能力摸索解决新问题、掌握新知识。在此过程中，学生的创新实践能力也会得到真正提高。

总之，学生的学习过程既是一种认识过程，也是一种探究过程。教育过程本身就是一种探索与创造，英语的课堂教学只有将学生的主体作用与教师的主导作用很好地进行统一，并不断探索课堂教学的新思路、新方法，引导学生发现、探究、解决问题，才能培养学生的开拓精神和创新意识，逐步培养其求异的创造能力。

四、英语教学新思路

当今社会和经济的快速发展为学生提供了机遇，也带来了挑战，英语交际能力成为人才选拔的重要标准之一，而高校英语固定的教学模式直接影响着教学质量的提高。

一直以来，英语教学都是我国高校教育体系中的重要内容，特别是随着与世界交流的日益频繁，英语已经蔓延到了我们生活的方方面面，这也对我们的英语教学提出了更高的要求。随着高校扩招工作的开展，越来越多的优秀青年进入高校。英语作为高校学生的必修课之一，其重要性显而易见。

与此同时，如何改进和完善高校英语教学方式、提高英语教学水平、培养学生的综合素质成为当前高校英语教学面临的重要问题。

根据问卷调查，现在高校毕业生的英语能力普遍难以满足社会的发展需求。虽然他们通过了大学英语四六级考试，但在具体的工作中，经常会出现力不从心的现象。“哑巴英语”已成为制约我国学生整体英语水平提高的关键。大学英语教学所采取的陈旧教学模式与方法，无法有效提升学生整体英语素质，特别是英语的实际运用能力和沟通交流能力的不足，使“哑巴英语”成为学生英语学习上的一个通病，这种现象对我国创新性人才的培养将造成严重影响。

新课程标准在对高校英语教学目标的界定上，有了更高层次的要求，它要求高校学生在英语课堂学习中着重培养自己收集获取信息和分析处理问题的能力，努力用英语思维方式进行交流和表达，从而提升对外交际能力和文化包容能力。

（一）英语教学的改进方法

1. 培养师资力量

所谓名师出高徒，师资力量的强弱直接影响教学水平的高低，然而目前我国高校英语教师队伍的素质普遍较低，教学师资力量薄弱，关键原因在于随着高校的扩招，为了完成相应的教学任务，引进了大量的年轻教师，而这些年轻教师大多是刚毕业的学生，没有英语教学的相关经验，甚至有的年轻教师英语发音不标准，这便大大地拉低了授课的质量与水平，学生们也学不到实用的知识。因此，提高教学质量的一个关键性因素是提高教师队伍素质。

2. 提高学生学习兴趣

学习兴趣是学生内部动机的一项重要指标，是学生学习行为的调节器。学生的学习兴趣一旦被激发和调动，将有效地促进学生的自主学习，从而带来惊人的学习效果。教师应当尊重、保护、支持、培养学生的英语学习兴趣，从学生的需求出发，组织设计英语教学。

3. 加强课外教学活动的开展

针对高校英语教学课时压缩、高校学生英语基础情况不同的特点，现代高校英语教学中，除要注重课堂教学有效性外，还应加强课外教学活动的开展。利用高校校园网络教学平台对不同英语基础的学生进行分层教学。在校园网络教学平台教学内容设计中，充分考虑高校学生英语的基础情况。针对学生基础的不同进行网络教学内容的设计与应用。对英语基础较差的学生完善英语基础知识架构，对口语需求较高的学生进行口语教学与训练内容的设置，对笔译需求较高的学生进行相应专业词汇与语法的教学内容设计。通过具有针对性的、以分层教学法为基础的网络教学平台设计，促进高校英语教学有效性的提高。教学班级可以分为快班、中班和慢班。将英语基础扎实、学习兴趣浓厚、具有较高目标的学生编入快班；将英语基础一般、具有较强学习兴趣的学生编入中班；将英语基础较差、缺乏学习兴趣的学生编入慢班。对不同类型的班级采用不同的教学方法。

4. 注重师生配合

在课堂教学中，教师与学生之间以及学生之间能有良好的配合，英语课才能取得优异的效果。好的教学成果需要学生踊跃地参与到课堂活动中，虽然教师组织和设计了各种教育活动，但是追根究底，学生才是学习主体。教师应该给学生创设足够多的自学空间和机会。随着科技的发展，教学方法也在不断更新，有了多媒体的加入，再配合各种设备和软件的综合运用，这些都为学生提供了实用的现代信息和真实的语言环境，不断地激发着学生学习英语的积极性，真正让学生做到自学自练、有话可说，更深地激发其学习的热情，使学以致用的目的得以实现。

5. 加强学习文化

语言是文化的载体，学习语言也就是学习文化。因此，文化能力的培养是高校英语教学不可或缺的组成部分，传统的高校英语教学一般着重于语音、词汇和语法的传授以及机械的句型练习，忽视了英美国家文化背景知识的介绍。高校教师要通过多种方法在课堂上进行文化知识的引入，引导学生针对课文进行相关文化背景知识的收集，并在课堂上对收集的资料以小组的形式进行讨论，充分挖掘文章蕴含的英美文化知识，让学生在了解英美文化知识的同时，加深对英语国家文化的理解，以此加深对课文的理解。另外，可以截取一些英语电影片段，多方面、多角度展示英语国家的文化。经典台词和电影故事及电影画面等都可以向观众传达各种文化信息，可以帮助学生了解以英语为母语的民族以及他们的思维方式、生活习俗等。

6. 以学生为中心

应以学生为中心，强调学生对知识的主动探索、主动发现和对所学知识意义的主动建构。英语教学互动模式的建立正是基于这种学习理论，通过对学生学习方法的指导，提高学生的语言实际运用能力和终身学习的能力。

（二）ESA 学习法

1.ESA 三要素

不难发现，要完成一节成功的英语课，必须做到以下三点：一是学生要有高度的积极性和参与性，二是教师要按计划使学生熟悉语言材料，三是在课堂上要模拟真实的语言交际行为。这就是 ESA 课堂教学的三要素，它们分别代表 Engage（激发兴趣）、Study（语言学习）、Activate（交际运用）。

有些学生上英语课时容易开小差，这是因为他们对所学的内容不感兴趣，没有把注意力投入学习中。如果教师能采取某种方式来吸引他们，或给他们以挑战，那么学生的参与积极性会大增。激发兴趣的方式有很多，可根据学生的年龄和客观条件而采取不同的方式。总体来说，常用的方式有做游戏、唱歌、讨论、讲故事、用实物或多媒体展示等。

关于语言学习，语言学习范围较广，从最基本的发音、词汇、语法规则到语言的深层含义及语言风格等都是语言学习的内容。在教学过程中，我们必须坚持让学生进行语言知识的训练，使他们积累丰富的语言知识。

英语课堂的第三个因素即交际运用，要求在教师的指导下，学生用所学的语言尽可能多地自由模拟真实交际。交际运用可以采取很多不同的方式，如角色扮演、讨论、描述、做设计、做采访、讲故事、写作等。

2.ESA 三要素的重要性

把 ESA 确定为一堂成功的英语课的三要素，有以下原因。

首先，ESA 三要素吸取了当今流行英语教学法主要流派的精华，特别是听说法（Audiolingualism）和交际法（Communicative Language Teaching）的精华。听说法的心理学理论基础是行为主义理论（Behaviourism）。这种理论认为语言学习是一个在特定环境下习惯养成的过程。然而，这种说法有它的片面性，实际上语言的学习比习惯的养成要复杂得多，所以现在建构主义理论登上了舞台。在这种理论下所进行的操练（Drilling），被英语教师广为使用，且非常有效。听说法强调语音和口语训练，主张“先听说，后读写”的教学顺序，把课堂的大部分时间用于在教师的指导和控制下开展重复性的句型操练，或在对话中担任角色，用对话来呈现新的单词和结构，主张用模仿和重复来学习对话，要求在句型教学的基础上讲授语法知识。它主张限制口语和翻译的运用，提倡利用直观手段、情境和上下文，以及用英语直接释义。对于初学者来说，它在句型结构规则的教学方面是有科学性和实用性的，它可以使学生在较短的时间内取得明显进步。听说法的另一个优点是重视英语语言内部的对比和分析，教师可以通过预见难点和严格控制教学内容来防止学生犯错误，这一点也反映在了第二个要素 Study 中。

ESA 三要素又包含了交际法教学模式的诸多优点。交际法的语言理论基础是社会语言学，其代表人物是乔姆斯基（Chomsky）和费斯曼（J.A.Fishman）。交际法主张以具体的交际功能项目，如问候、邀请、做客、看病等为主要线索来安排内容（这一点正好与听说法相反），并根据学生将来工作的实际需要来确定其培养的侧重面，因而力求在整个教学过程中以适合不同阶段的各种方式进行交际活动，使学生具备创造性地组合和运用所学的英语知识来表达自己感情的能力。交际法的典型课堂活动为对子活动（Pair Work）或小组活动（Group Activities）。教师在课堂中设立交际场景，发起学生间的活动，有时自己也参与其中。教学以语段为基本单位，学生从一开始就学习听、说、读、写，让学生广泛地接触英语，在广泛接触的基础上，自然地掌握它，并强调“忘记母语”。这些做法是我们在课堂上倡导交际运用的理论来源。

3.ESA 三要素对英语交际法缺陷的弥补

英语交际法有一些明显的缺陷：忽视语言的规范性和纯洁性而影响交际；忽视语言知识的积累，使交际活动缺乏由浅入深、循序渐进的知识系统；教师和教材在交际功能的选择上具有很大的随意性；经济条件、师资条件、班级过大、学习水平参差不齐等诸多因素都会直接影响交际法的教学效果。

在 ESA 三要素中，可以采用一定的方式将上述缺陷减至最低程度。遇到这类问题时，教师可使用 Study 或 Engage 中的某些方法来解决。

ESA 充分考虑到了教学的实际情况，充分体现了“从实际出发”的思想。它给人最深的印象就是实用，具有很强的操作性，摒弃了“大道理”，取而代之以切实可行的教学步骤。

ESA 三要素为教师针对不同情况，采取多种多样的课堂组织形式提供了依据，避免了教学法上的模式化，有利于教师开展个性化教学，也使人们对英语课的评价标准有了一个清醒的认识。尤其是对于使用新教材的老师来说，具有很现实的指导意义。新教材语言知识容量增大，对交际性做了更高的要求，这就使教师掌握有效的教法显得更为重要，也为 ESA 三要素的充分发挥提供了舞台。

既然 ESA 是一堂好的英语课的必然因素，那么这三者又如何合理地运用于教学中呢？对于不同层次、不同水平的学生，可以采取不同的方式。需要说明的是，我们所说的 ESA 三要素至关重要，但并不意味着上每一堂课都要用同一流程，而是要依据学生的实际情况及教学材料的不同而采取不同方式。

对于初学者可以采用“直线式”流程，即 E—S—A 方式：激发兴趣—语言学习—交际运用。

对于已经熟悉了教学内容的学生，教师在展现 ESA 三要素的时候，可以采用“迂回式”流程：E—A—S—A 方式，即激发兴趣—交际运用—语言学习—交际运用。

第一种“直线式”流程使得教师很清楚学生需要什么，很自然地教给学生在实际运用中所需要的知识。而第二种“迂回式”流程是在教师不清楚学生知识缺陷的情况下采取的，这种安排方式适合于复习性质或总结性质的课程。当然，我们在设计教学步骤时更多地采取“混合式”“套用式”“连环式”等方式，这要依实际需要来定。

作为教学第一线的英语教师，必须认识到不存在一种能适应各种情况的万能教学法，但我们绝不能因此而墨守成规。课堂上必须具备的三个因素 ESA 一定要在课堂上得以体现，我们应当根据自己的风格、经验和能力，随时准备使用各种方法中最有效的一个方面来试验教学中的各种可变因素，如学生状况及反应、班级大小、课时安排、教材内容等。学习英语教学法的必由之路只能是理论和实践相结合，在掌握英语教学理论的基础上，摸索出适合自己且行之有效的方法，积累丰富的实际经验。

五、我国英语教学课堂应遵循的原则

（一）了解学生，有的放矢

教师应全面深入了解学生的英语基础。有的学生英语基础非常薄弱，没有学习英语的动力，更没有养成良好的学习习惯。这时，英语教师必须要有耐心和信心去帮助学生从头学起。否则，上英语课时，学生跟不上老师的节奏，久而久之，就会产生放弃学习英语的念头。只有掌握了学生的基本情况，才能做到有的放矢，找到适宜学生的教学内容和教学方法。

（二）激发兴趣，永不言弃

兴趣是最好的老师，英语教师要想方设法激发学生学习英语的兴趣，学生有了兴趣，才会持之以恒地在英语课堂上活跃。

首先，教师上课时要充满激情。英语教师要把每一堂课都当成一次演讲，把每一个学生都当成重要的听众。教师上课有气场，学生的注意力才能集中。教师良好的精神状态是会传递给学生的。许多优秀教师上课时，总是激情四溢，学生听得津津有味，教学效果自然好。如果教师上课时打不起精神，学生就容易出现开小差、打瞌睡、玩手机、看课外书等现象，更谈不上对英语课的兴趣了。

其次，教师上课时，还要善于运用幽默。教师的幽默总是能够让课堂轻松愉快，让师生关系和谐。幽默能够让严肃的批评变得富有人情味而又充满情趣。例如，有一次上英语课，窗外突然飞进一只美丽的蝴蝶，几位女生就站起来给蝴蝶拍照，课堂顿时变得有点乱。这时，我笑着说："Our English class is very interesting.The beautiful butterfly should join us.Please go back to your seats.Let's go on our class."我一说完学生们就笑了，学生也立刻回到了自己的座位。

再次，每堂课教学生一句简短的英语名言，让学生获得成就感。英语名言简短，语言优美，又蕴含着深刻的道理。教英语名言既可以让学生好好地学习语音、操练口语，又可以对学生进行素质教育。例如，“So said，so done.”（说到做到）、“No pains，no gains.”（不劳则无获）、“Where there is a will，there is a way.”（有志者，事竟成）。在新生入学的第一个学期的英语课堂上，笔者曾坚持每节课以教一句英语名言和抢说英语名言开始。此举很受学生的欢迎，他们也因此找到了自信，不再害怕说英语了，并渐渐对英语产生了兴趣。

最后，英语课堂要面向全体学生，不放弃每一个学生。关注每个学生的英语学习情况，争取让每个学生都对英语保持一份热情，每一届中都会有学生对英语学习在思想认识上不成熟，如“我不出国，因此我不需要学英语。”“不做翻译，学那么认真干吗？”面对这些障碍，教师不能听之任之，而是要逐步引导他们树立正确的英语学习观。其实，学生并不是真的不想学英语，只是他们从小到大习惯了被教师放弃，得不到教师的关注，加上又觉得英语很难，于是就想放弃。这时，教师需在英语学习方面给予他们更多的指导和关心，慢慢激发他们的学习兴趣，从而帮助他们走出困境。

（三）选好助手，齐心协力

在英语课堂上，要想较好地完成活动任务，光靠教师一个人的力量是不够的。因此，可把全班学生分成小组，每组选一个小组长，让小组长来当本组的教师助手。在教师和助手的协同作用下，促进教学的有序开展，达到良好的教学效果。

（四）提升能力，精益求精

要想上好英语课，教师就需要不断提升自身的业务能力，在课堂教学中发挥好教师的主导作用，合理利用多媒体教学手段，积极参加业务能力培训，使自己的英语教学水平精益求精。

六、多媒体网络环境下的英语教学原则

由主导式自主学习原则、多元互动式教学原则及多元式评价原则组合而成的基于多媒体网络环境下的英语教学原则，将学、教、评有机整合，形成了一个兼容共存、三位一体的新型教学生态联动机制。在目标认同的基础上，本原则借助自身固有的导向功能，将主动认知与互动体验引入英语教学，强调英语教学体系内部良性循环与外部网络环境独特优势的协调与交融，全力推动英语教学过程中的交际化和社会化，从而实现非目的语环境下，英语教学效能的最大化和英语教育质量的最优化。

英语教学是一个由结构有序的具有规约性意义和特定文化指向的语言构式组成的教学流程，其内涵所指是语言、文学、文化，需在“人文教育”和“技能培养”之间寻找平衡点，是一项复杂的、具有创造性的认知活动。任何有效的语言教学活动或行为都是通过与之相关的教学原则得以实现的，不同的教学原则蕴含着不同的教育价值取向和教育理想诉求。探究由主导式自主学习原则、多元互动式教学原则及多元式评价原则组合而成的基于多媒体网络环境下的英语教学原则，是基于新环境下对英语教育意义的重新审视，意味着对英语教学的形态和功能、教学品质和价值与网络教学环境契合度和交融度的理性思考，

也标志着英语教学主导价值观与时俱进、不断求新的自觉追求，其终极宗旨是将知识转化为智慧，将理论转化为应用，将文明凝练成人格。

（一）主导式自主学习原则

世纪之交，以计算机和网络为核心的现代信息技术开始大规模地进入英语教学领域。同时，以教师为中心的、单纯传授语言知识和技能的传统教学模式随之转向以学生为主体、教师为主导，既传授一般语言知识与技能，又注重语言运用能力和自主学习能力的新型教学模式。该模式作为当今英语教学的新范式被加以推广，引领中国英语教学改革不断深化。

从广义上来讲，“学生为主体，教师为主导”既是一种教学模式，又是一种教学理念；既是在相关教学理论与实践框架指导下，为达到一定的教学目标而构建的教学活动结构和教学方式，又是一种基于对语言本质特征、教学对象、教学目标等深层的认识与理解。一方面，它以建构主义学习观为理论依据，认为学习者不是被动的刺激接收者，而是要对外部信息进行主动的、有选择的接收和加工的学习者；知识的意义也不是由外部信息所决定的，外部信息本身没有意义，意义是学生通过新旧知识经验之间反复的、双向的相互作用而建构的，强调学习者是教学实践的主体，是知识意义的主动建构者，而教师是教学实践的组织者、指导者。另一方面，它是以计算机和网络技术为依托，集声音、图像、文字、动画于一体，通过运用各种媒体和网络传播手段，以其开放式、个性化、自主性对英语教与学的信息进行储存、加工、传播，将媒体网络技术与英语教学进行有机整合，将课堂教学与网络学习有机结合，将学习者置于教学的中心地位，崇尚教师主导式自主学习，注重学习者英语知识、技能与能力的协调发展和综合提高。

在网络环境和新型教学模式的双重作用下，主导式自主学习作为学习手段已不再是可能的选择，而是必然的选择。作为教学目标，主导式自主学习也不再是一种虚拟的假设，而是一个不可回避的客观现实。

所谓“主导式自主学习”，简言之，是一种累积性并有目标指向性的学习模式，即学习者在总体教学目标的宏观调控和教师的指导下，根据自身条件和需要制定并完成具体学习目标的学习模式，其表现形式为教师的参与度和干预度与学习者的能动性和独立性的有机结合与良性循环。这里需要说明两点：第一，主导是指教师创造一种直接的相关学习环境，指导、引领学习者通过感知认识能力建构对周围世界的认识，它包括启发式的讲解与传授，引导式的思考与探究，协商互动式的语言输出与实践等。它是以主动认知、自我发展为预设的，具有鲜明的指向性和目的性，是由下而上、由浅入深、循序渐进的意义建构，是学习者主动认知建构的基础，是内化认知主体自主性的前提。第二，自主，从认知层面上讲，是指相对于依赖教师指导而言的一定程度上的独立学习方式，而非自由学习。它是由学习者的态度、能力和学习策略等因素综合而成的一种主导学习内在机制，也就是说，它需要学习者具有积极的学习态度、明确的学习目的、有效的学习方法和较强的认知能力。它强调目标引导下的自我调控、主动参与和自我实现，其能力体现在自我计划、监控和评估上。它是教学的延伸和补充，是保证教学质量的基本条件。

由此可见，自主与主导虽视角不同，但二者都注重认识世界、整合知识、建构意义的主动性和实效性，都是以开启心智、提升素养为关注点的。从这个意义上讲，自主和主导是密不可分、息息相关的，即自主以主导为行为指向，作为自我发展的航标，主导以自主为指称对象，作为高效认知加工的助推器，二者是两位一体、相伴同行、彼此相依、相互印证的。

研究表明，自主学习的有效性在于教师指导与学习者自主的有机结合和良性互动。换言之，学习者自主性的培养与提高，在很大程度上取决于教师主导作用的适度释放与彰显，取决于主导方式的正确把握与应用。这既是意义建构者的主观需求，也是语言教学的客观要求；这既是由语言习得规律所决定的，也是由英语教学的本质特征所决定的。

英语教学是一个极其复杂的动态过程。在此过程中，学习者要对英语知识进行比较、分析、归纳、总结和演绎，其认知系统始终处于结构与解构、再结构与再解构的动态进化与更新之中。因此，没有教师的适时介入与指导，学习者仅凭自己的努力，难以成为一个高效的、具有可持续发展潜力的知识意义建构者。不仅如此，作为认知主体，每个学习者都具有个体差异（如各不相同的认知能力、因人而异的语言需求、参差不齐的知识水平等），他们在面临海量的网络资源时，需要教师在心理、方法和知识层面上给予有计划、有目的、有针对性的引导，帮助他们明确学习目标，制订学习计划，改进学习策略，评估自我认知，把握学习进程，筛选网上资源，强化自主意识，完成学习任务。

多媒体网络化教学不仅为学习者创设了拟真的自主学习环境，也为教师创设了发挥主导作用的宽广空间，以其灵活开放、多维立体的特点赋予了教师新职责和新角色。它需要教师在教学中，充分考量学习者的学习风格、认知模式、情感世界、学习动机等个体差异性；结合教学内容和教学进度创设相对真实的语言环境，营造有话要说、有话想说、各抒已见、畅所欲言的交际氛围，组织实践活动，将学习者置身于真实世界问题和任务的探索与整合中，在做中学，在学中做，促进知识意义和认知水平的建构与提高；通过网络为学习者提供大量适时的、针对性强的、难易度不同的语言学习资源，引导学习者主动探究知识；利用网络平台适时监控学习者学习过程，动态地调整教学，并给予个性化指导。

（二）多元互动式教学原则

教学就是人与人主体间进行思想、感情、信息交流的过程，教学效果不取决于教，也不取决于学，而是取决于教与学主体双方互动的结果。教学是通过主体间话语生成、理解及交际实践实现的，是通过师生之间、学生之间的反复交际活动完成的，是外部介入和认知主体内部心理感知内化的结果。

所谓多元互动式教学，是指在网络环境下，英语教学中的师生、生生和人机之间的相互作用和相互影响。它是一个以促进学习主体认知重组为宗旨，全方位、多层次的双边相互交流、互为对话的意义建构机制。它使现代课堂教学的教师、学生、教材和媒体几大教学要素之间形成了立体的信息交流和传递网络，在多媒体网络化教学的综合作用下，将学生置身于真实或拟真的目标语学习环境中，运用语言知识，运用听说读写技巧，通过让学生观察模仿一系列的语言实践活动，经过不断试验、探索、操作、反思及修正，逐渐掌握语言知识或技能的意义。多元互动包括语言输入与输出，强调信息处理的双向性和多向性，强调教学主体间在此过程中对知识意义的磋商、推理和建构，并认为语言习得是一个在特定的语言环境中，在主动认知的驱动下，学习者自己与各种因素的相互作用，逐步将知识理解、整合、建构的过程。从这个意义上讲，互动在语言教学活动中被视为语言使用最本质的特征，是学习英语的必经之路。

确切地讲，在语言教学活动中，语言不仅是一个知识体系，更是一个技能体系，具有较强的、与生俱来的、不可缺省的实践性。语言教学内容的传授是借助师生、生生双向交流和互动进行的，是在师生共同参与、相互合作的语言实践活动中完成的。交流促进学习者与学习伙伴共同建构话语，促进语言输入，只有当学习者的内部机制与语言环境交互时，学习才会成为可能。通过多元互动交流及意义协商，即澄清、请求、理解、核查、确认核查、重复等，学习者不断发现语言和语言的使用规则及他人对自己语言使用的反馈，同时将新的语言形式、语用规则及功能运用到新的语言实践中，在循环往复的实践中，感悟语言运用规则，比照语言表现形式，体验语言的社会功能，反思自己语言体系中存在的问题，并及时调整、纠正，从而完善自己的语言体系，提升语言综合运用能力。哈佛大学语言学教授里韦尔斯（Wells）认为，互动可以增加学习者的语言储存量，因为在互动中，在选择性注意和语言输出的联动作用下，学习者最容易获得可理解性输入，更容易注意到新的语言现象及自己中介语体系的不足之处，进而有更多的机会修正自己的输出。

另外，多媒体网络技术与英语教学的有机整合，推动了原有的教学要素重新优化配置，由此孕育了一个以互联网为中枢，以校园网为依托，以英语教学平台为支撑，以学生为主体、教师为主导，具有英语教学过程网络化和虚拟社会化特征的英语教学环境，进而使课堂教学交际化、教学过程社会化成为可能，也为多元互动式教学开拓了更加广阔的施展空间。在“学生为主体，教师为主导”教学模式的观照下，由互动链接而成的师生教学共同体被引入生动、形象、开放、真实的语境中，依据不同的教学内容和教学目标，选用多种互相交流的方式和手段，践行以言叙事、以言行事的社会交际功能。比如既可以两人结对，又可以多人小组互动；既可以是文字、数据，又可以是语言、图形或图像；既可以以微信、E-mail（电子邮件）和QQ留言等异步的方式进行互动，也可以以聊天室、在线会议、面授讲解等同步的方式进行互动。

教学实践表明，互动性是学习者认知图式不断更新、扩展和升级的基本特征，它将学习活动、愿望、兴趣和需求融为一体，是培养兴趣、发展个性、认识世界、整合知识、提高意义建构效率的有效手段和前提基础。在多媒体网络环境下，多元互动有助于学生有意义的、可理解性的语言输入与输出，学以致用，以用促学；有助于激发学生的学习兴趣和潜能，增强自信心和成就感；有助于学生之间相互认知、取长补短、合作竞争；有助于学习者张扬个性和创造性，强化学生主动参与和自我发展意识，理性选择学习资源和学习策略。

（三）多元式评价原则

教学评价是教学系统的有机组成部分，也是实现教学目标的重要保证。对英语教学的评价，必须充分考虑各种影响因素，如社会对英语能力的要求、英语教与学的条件、师资水平、教学目标、教学手段、学习者的智力和非智力因素等，这样才能充分发挥教学评价对教学的诊断、导向、激励、反思、改进、鉴定和咨询决策作用。现代信息技术的支持，使多媒体网络环境下的英语教学呈现出信息资源丰富且更新及时、教学场景真实生动、教学时空无限拓展、个性化自主学习成为可能等特征。具体表现为：教学活动从常规的课堂教学延伸到课外、网络及社会；教学媒介从传统的黑板、纸质教材、模拟语音室拓展为多媒体课件、立体化教材、音视频网络化学习平台、校园网及互联网等；原有的以教师讲授为主的、单一的课堂教学模式改进为新型的、既能发挥教师主导作用又能充分体现学习者主体地位的“主体-主导”教学模式；教学目标从知识储备转变为智力开发。

由现代信息技术强势介入而生成的英语教学新现象、新特点、新环境和新模式，势必会导致英语教学评价体系内部重新调整、优化组合，如评价方式、评价标准及程序等，以适应新的教学模式，确保新环境下英语教学实效性的稳步提升和英语教学改革的有效推进。

目前，我国的英语教学改革正在全力推行基于多媒体网络技术的课堂教学模式，追求的是“自我教育、自我认知、自我成长、自我调控和自我评价”[①]的

① 曲巍巍 . 英语思维与教学研究 [M]. 北京：北京理工大学出版社 , 2016.

教学理念，强调学习、教学、评价有机结合，注重培养学生的英语综合运用能力、自主学习能力及与人合作和交往的能力。

在实际教学中，能否实现上述人才培养目标及进一步深化英语教学改革，不仅取决于教师的教学方法、教学手段、学习者的学习策略、学习动机，也取决于与之相配的教学评价模式的多元性（多元式评价机制），取决于其能否全面、客观地体现“学生为主体，教师为主导”教学的本质特征，为教与学提供及时准确的反馈信息，将教与学纳入以评促学、以评促教、学教并重，高效地实现预定教学目标的轨道。

所谓多元式评价，是指参与评价主体的多元性，采用评价手段的多样性以及评价标准的多维性，即由教学管理者、教师、学生等共同参与，采用形成性评价与终结性评价、传统测评与网络测评、互动式测评与常规测评，以及教师评价、学生自评与学生互评等方式，收集并利用相关信息对教学、学习和课程等进行全面综合评价。它以建构主义理论为依据，以促进学习、改进教学和完善课程体系、提高教学质量为评价的终极目标。它不仅关注教学成果和学生成绩，更关注课堂教学环节和过程，关注评价对象的个体差异和个体发展，关注学生自我反思和自我教育，激励学生参与不同场合和形式的教学活动，亲身体验自主与合作，感受知识意义的主动建构与实践，了解自己的学习现状与潜能，明晰努力方向与内在动机，增强自信心与成就感，也就是说，网络环境下的多元式教学评价是一个灵活开放、多维立体交叉、多项组合的评价体系，它包括课堂教学评估、学习档案、学习日记、问卷调查、师生座谈会和访谈、督导检查、校内考试与校外统考等。在教师、学生共同参与评价的过程中，学生既是教学评价的主要对象，又是评价的重要主体之一。评价者与被评者处于平等地位，针对教与学的所有环节实施考评与监督，既包括学习目标的合理性、学习计划的制订、学习方法和策略、学习态度等，也包括教师的教学态度、课堂教学方法和手段、课程设计和教学效果等。

由此可见，以发展为主旨，以促学促教为目的的多元式教学评价，凭借自身固有的引导、激励、诊断、监督等功能，在彰显学生主体、教师主导的内涵所指的同时，注重将多元互动式教学引向纵深，贯穿于教学的全过程，重点考评学习者在互动交流中练就自主学习本领。在输出实践中获取真知，在深度探究中求得思辨，在本真思辨中追寻创新，实现了自主学习、互动教学、教学评价三方的有机融合，凝聚成一个具有共同教育理想诉求、教育价值取向和教育使命感的有机体，共存于英语教学的教育生态系统之中，促进英语教与学的有效互动、良性循环和英语教学质量的不断提高。只有在这样的评价体系下，评价才能对教学质量和学生英语水平的提高起到积极的推动作用。

至此，需要着重指出的是，尽管主导式自主学习原则、多元互动式教学原则及多元式评价原则的运行方式有所不同，但三者皆以建构主义理论为依据，以培养学习者自主学习能力为宗旨，均强调学习者在教学中的主体地位，以学为主。在网络环境作用下，这三个原则有机集成，互为指涉对象，同构并存，力争使教学质量成为学习者“善学”能力的函数，而非教师“善教”能力的函数，将学习者完成意义建构，而非教师完成教学目标作为教学的终极目的。确切地讲，主导式自主学习与互动式教学作为组合概念，既是学习呈现形式，又是教学呈现形式，被视为教学流程中两个对应节点。其中，学是教的前提条件，也是教的补充与延伸。教是学的组成部分，它是以助学为己任的，是服务于学的。教与学既是构成教育内涵的两个根本性主旨，也是构筑多元教学评价机制存在的基石。而多元式教学评价则是自主学习与互动教学两种行为汇合的媒介，是维系二者间有效关联与可持续发展的纽带。它是在基于主导式自主学习与互动式教学所构建的英语教育体系内展开的，以主动认知和互动体验为自身存在价值的描述对象，全程监督、实时检测、及时反馈、正确导向，因此它必须体现教与学的外在形式特征，必须符合教与学的内在本真诉求。换言之，在网络环境下的教学活动中，教、学、评之间如有一方衔接不当或协调不畅，都会影响到教学效能，导致预定的教学目标无法完成。

综上所述，教学原则是引导教学行为和活动有效进行的指导性原理和行为准则。不同的教学原则承载着不同的教育理念和教育使命。网络环境下的英语教学原则的构建是基于网络信息社会环境下对英语人才培养目标，以及英语学科发展的科学性路径的阐释与判断，是基于对英语教学活动的内在功能与外显规律的理解与确认，具有鲜明的时代特征。在以能力发展为本的目标引导下，网络环境下的英语教学原则将教、学、评三种不同的知识运行形式进行优化重组，并赋予新的诠释与规定，构建成一个知识输入、技能实践和多元反馈的教学生态循环联合体，通过链条传导效应形成了一个彼此互相支撑、交叉渗透、环环相扣的耦合联动机制，将焦点锁定在知识的主动建构和主体间的互动体验上，共同关注英语教学过程社会化的回归与再现，关注学生在此过程中的学识、智能与素质的均衡发展，力求新环境下英语高等教育终极目标与其实施路径的有效对接与融合，进而实现英语教育实际效能的最大化。

第二章　英语教学中存在的文化误区

目前，文化教学越来越受到广大英语教师的重视，各个高校的英语教师也在努力尝试着在自己的英语教学中实行文化教学，并总结出了一些经验。虽然文化教学在中国已经取得了一定的成绩，但仍然存在一些误区。本章从母语文化教学的缺失、目的语文化内容的缺失、文化定式以及跨文化交际的语用失误等对英语文化教学中的重要问题进行论述。

第一节　母语文化教学的缺失

一、母语文化教学缺失的具体表现

（一）大纲对母语文化的忽视

《大学英语课程教学要求》（2007 年）明确了大学英语的教学内容除语言知识、语言技能之外，还应包括人文情感、人文素养和人文理想的培育，体现了将英语单单作为工具的学习转变为将英语作为素质教育组成部分的思想。但是大学英语教学目标中对文化的定义默认为是目的语文化，没有提到母语文化。

社会真正需要的是双语和双文化甚至是多语和多文化的人才。社会文化能力不仅包括目的语文化知识，还包括母语文化知识。大学英语教学中应该考虑中华优秀传统文化教学的重要性。

实际上要培养学生对目的语文化的洞察力，必须帮助学生了解母语文化的传承、演变以及表现形式。母语文化在外语教学中可以作为与目的语文化进行对比的工具，既能深刻展示目的语文化的主要特征，同时也可以加深学生对母语文化本质的理解。

（二）教材对母语文化的忽视

在大学英语教学中，教师过多关注母语文化和目的语文化的差异，为了让学生学好英语，刻意让学生沉浸在英语的氛围中。实际上，教材内容应包括目的语文化材料，以英语为母语的地方的文化；源文化材料，学习者自己的文化。

教授文化时，教师需要提升学生对他们自己文化的意识。母语文化是与目的语文化进行比较的基础，同时提升对母语文化和目的语文化精华的深层理解，这样才能获得跨文化交际所必需的敏感度。教师在向学生传授目的语语言文化知识的同时，还需培养其母语文化意识，使其具备能够用所学语言正确而有效地表达母语文化内容的能力。

当下，英语教学目标、教材、教学都漠视了母语文化。英语教学中中华优秀传统文化的含量不多，许多中国青年学者在与西方人交往过程中，难以彰显出深厚的文化素养和独立的文化人格。只有对本国优秀传统文化有了充分的认识和足够的修养，并逐步拓展自己的跨文化心理空间，才能对文化的多元性展现出一种兼容并蓄的气度，才能更好地拥抱多元文化。

在跨文化交际中出现中华文化失语现象是值得教师思考的，中国大学生在用英语表述母语文化时存在很大的问题。例如，在某学校举办的博士生、硕士生英语暑期口语强化培训课程中，学生与外教谈论孔子时脱口而出“Kongzi”，外教不知所云。当外教探询中国 Confucianism/Taoism（儒 / 道）传统时，学生却不知如何作答，也不知道“三国”“水浒”该怎么表达，“端午”“清明”怎样翻译，更无法向外籍教师介绍中国的文学、朝代、建筑、艺术、伦理等。大学英语教学忽略对母语文化的传授造成大学生对母语文化的表述不重视，使学生很难在跨文化交际中做到向外传输母语文化，学生在学习的过程中容易盲目接受目的语文化的输入，而疏忽了本土的文化传统。

（三）教学过程中对母语文化的忽视

迁移说（Transfer）源于心理学，指早期的行为模式对学习新行为模式有强化或阻碍的影响。迁移是一种学习行为，通过迁移，学习者以前获得的有关学习技能的知识将影响他们以后学习或训练行为的结果。从效果方面，迁移分为：

1. 积极迁移（正迁移），一种学习对另一种学习的积极影响或促进。

2. 消极迁移（负迁移），一种学习对另一种学习的消极影响和干扰。

如果学习者以前的学习经历能产生积极的效果，就会促进学习者的学习，反之，如果学习者以前的学习经历阻碍他们学习新的知识，就会出现负面效果。在语言学中，迁移指一个人的母语对外语的语言特征的影响，当学习者使用目的语时，因为不太了解目的语的规则，因而会受到母语和母语文化的影响，从而套用母语的规则，使用母语的语音、词义、结构或文化习惯。

对语言迁移（Language Transfer）的研究始于 20 世纪四五十年代的美国语言学家，在这个时期，语言迁移被视为二语习得理论和二语教育方法中最重要的因素。个体倾向于迁移形式和意义，将母语中的形式、意义以及文化置于目的语和目的语文化中。学习者母语的旧习惯有时会促进，有时会阻碍他们的二语学习。当母语的习惯和目的语的习惯不一致时就产生干扰。

一些研究者认为语言迁移是将母语的模式用于目的语中，是二语或外语学习者错误产生的普遍原因。迁移分为正迁移和负迁移，是目的语和其他任何以前习得的语言之间的相同和差异产生的影响。正迁移是使学习简单地迁移，当母语和目的语有相同形式就产生正迁移。在这种情况下，学习者的母语会促进目的语的学习。负迁移是使用母语的模式和规则导致目的语中产生错误和不适当的形式。学习者的母语文化和目的语文化之间同样存在差异和重合现象，差异会导致干扰，对目的语文化学习产生负面影响，重合现象同样会导致迁移，对目的语文化学习有辅助作用。

迁移是外语学习中的一种常见的现象。研究表明，外语学习者常常会无意识地将母语的语言特点运用到外语学习上。语言是文化的载体，长期在母语文化影响下形成的思维方式和表达习惯必定会不自觉地迁移到目的语中，形成文化迁移（Cultural Transfer）。目的语文化与其他以前习得的文化之间的相同和差异产生文化迁移。文化迁移也分为正文化迁移和负文化迁移，当母语文化规则与目的语文化规则相似时，就产生正文化迁移；当规则不同时，就产生负文化迁移。两种文化越相似，迁移就越少。两种文化的差异越多，迁移也越多。负文化迁移常常导致交际障碍、误解，所以学者更加关注母语对目的语学习的负迁移。负文化迁移指由文化差异产生的文化干扰，它表明人们无意识地使用自己的文化规则和价值观指导自己的行为和思维，去判断别人，特别是来自不同文化的人的行为和思维。行为主义学者认为迁移是习惯形成的结果，他们认为语言习得的过程是克服旧的习惯形成新的习惯，暗示学习者如果要学习新的语言必须断绝自己的母语。例如在英语教学中排斥母语和母语文化的行为，被认为有助于语言学习。国内的研究中也更为关注汉语对英语学习的干扰。

中国的大学英语教学注意力长期集中在语言形式的教学，一直以来都是以语法、翻译法、听说法的教学方法为主。大学生学习英语时，自身已经有了一套母语规则，形成了母语思维习惯。母语的负迁移会在语音、语义、句型、语法等方面形成干扰，使学习者在学习目的语时很难摆脱母语的影响。母语的文化迁移也会使学习者用母语的文化规则去套用目的语的文化规则，出现文化方面的错误。母语是学习者的第一语言系统，英语是大学生继母语系统之后的第二语言系统，学习者是在母语文化的背景中习得母语以及母语的文化规则。在英语学习中，学生不可避免地会借助母语的规则和母语知识，将母语文化规则、模式套用到目的语上，出现文化干扰。正因为担忧负迁移影响学生的英语学习，而学生和教师在应试的压力下又忽略了文化的学习和传授，由于汉语和英语在时间取向上、思维上、篇章结构上差异较大，学好英语存在难度，所以国内的大学英语界避免教学中以“己文化”度“他文化”，导致文化“负迁移”的现象，强调尽量给学生营造英语环境，课堂上要求全英文授课，在大学英语教学中有意识地回避母语和母语文化教学，只关注目的语和目的语文化。

母语是始终伴随学习者的，母语和目的语两者虽然构成语言的基本符号不同，但在表达方式的构成模式上，即文法上是有相通之处的。在大学英语教学中，教师要正确地利用母语正迁移来提高学生的英语水平，要很好地让母语学习和英语学习融合到一起，尤其要加强大学英语教学中对母语文化的教学。英语和汉语都不是简单的字、词、句的组合，而是一个巨大的语言体系，语言的内部因素之间相互联系，密不可分。培养大学生的跨文化交际能力，应重视母语文化的英语表述。对两种文化的互相尊重是跨文化交际成功的必要条件，一个人如果不能理解自己的文化，是难以理解第二种文化的。

语言是民族的象征，是一个民族从事一切精神活动和维持社会联系的必要基础。一个民族的语言，记录着该民族走过的漫长的历史道路。民族语言是思想、文化和历史的宝库，是由一个民族的语言习俗风尚和思维方式构造起来的，它总结了本民族世世代代的生活经验。大学英语教学中目的语文化的学习和学生的母语文化不应是冲突的，而应是相辅相成的。一个通达明智的民族会在精心地维护、哺育母语的同时，鼓励它与外语共存和竞争。不同语言同时使用的范围越广，各种语言共同存在的趋向越明了，语言本身所能获取的收益就越大，对思维和语言技能的影响也越积极有效。了解一门外语能打开目的语文化的窗户，讲英语或汉语也能给学习者用“英语或汉语”看世界的机会。学习目的语文化能提升对母语文化的理解，从异文化的立场观察母语文化，能察觉出他人所不能发现的东西。同时，对母语文化有良好的理解才能客观地发现母语文化和目的语文化的共同点和不同点，学习目的语和目的语文化并不意味着同化，而是用一个新的视角去看待母语文化和目的语文化。学会包容和理解不同文化，可以培养学生在学习和研究中具有宽广的视野和大度的心态。

二、母语文化教学缺失的原因

自20世纪初以来，中国英语教育开始从英语语言教学转向英语语言文化教学，对英语文化的认知与内化成为英语教学的重要内容和目标。目前英语教学侧重对外国文化的输入，特别是对英语文化的介绍与传播，缺乏对本土文化自身和其英语表达的研究，只注意到本土文化的“负迁移”现象，而没有注意它的“正迁移”作用，导致本土文化“失语”现象日益突出。学生在跨文化交际中对中国本土文化了解不到位，无法用正确的英语表达，导致交际失败或低效。在语言文化教学过程中，导致中国文化失语现象的主要原因大致归纳为以下几方面。

（一）教材编撰中的中国文化缺失

国人对中国文化输出不够重视，主要体现在英语教材（从小学、中学到大学和研究生英语）过分注重西方文化而严重缺乏中国文化含量。大部分英语教科书中关于中国优秀传统文化的介绍几乎空白。片面顾及英语的原汁原味，语言中处处透着英美国家的文化气息，过度强调培养学生的英语思维能力和语言表达习惯。但是，学生不能从英语书上学到中国文化之英语表达，一旦进入真实的跨文化交流环境，自然会出现文化失语症。

（二）英语教学大纲对母语文化的忽视

从小学、中学到大学和研究生英语教学大纲都强调目的语言文化的导入，相对忽视中西不同文化之间的相互影响、融合与重组，忽视英语使用中本土文化输入和输出的意义。

（三）对中国文化在文化教学中的地位和作用认识不足

大学英语教学中的文化教学等同于英美文化教学。在英语学习中要尽量消除其作为“强势语境”带来的“负迁移”。

归结起来，从“教”的方面看，中国文化失语表现为文化教学在很大程度上被定位在对目标语文化，即英美文化的教学。最直接的证据就是在当前的大学英语教材中反映英美文化的语言材料占据主导地位，反映母语文化即中国文化的语言材料寥寥无几。在文化测试中也以检测学生掌握目标语文化项目为主。从“学”的方面看，文化缺失现象表现为学习者对母语文化的目标语操作失败。

第二节 目的语文化内容的缺失

一、目的语文化内容的缺失

大学英语的课堂教学要求对学生进行跨文化交际能力的培养，有意识地输入目的语文化，要有大文化的视野，但在实际的教学实践中，处理文化元素的方式却是随性的，学生也只根据他们自己的兴趣来选择。

从微观方面来看，以美国总统大选为例，它涉及美国的两党政治、独立候选人、选举团制度、媒体的作用、黑人和少数民族以及妇女的投票权、第三党、国内国际政策等方面。如果在文化的输入中只关注某一点就会割裂整条文化链，反映在学生身上就是一知半解。

从宏观方面来看，在大文化观的空间框架下，以演变的时间为 X 轴，以目的语文化发展为 Y 轴，假设一个坐标作如下演示。

（一）X 轴

从坐标的横轴看，在对非英语专业大学生进行目的语文化输入时，应考虑到如英国、美国、加拿大、澳大利亚等以英语为母语的国家不同的文化背景，进行目的语文化输入时应考虑这些国家文化的共性和差异。从目前全国重点高校主流的、使用最广的两套大学英语教材来看，其中的课文绝大部分选自美国的作品。《新视野大学英语——读写教程》[①] 的 120 篇课文中，除去 48 篇课文

① 郑树棠 . 新视野大学英语——读写教程 [M]. 北京：外语教学与研究出版社， 2003.

没有确定其内容来源，其余的72篇文章中，与美国有关的文章共55篇；《全新版大学英语综合教程》[①] 的64篇课文中，除去13篇课文没有确定其内容来源，其余51篇文章中，与美国有关的文章共45篇。教材很明显对其他英语国家的文化是忽略的，过于突出美国文化，容易造成学生对英语国家文化的片面吸收。

（二）Y轴

从坐标的纵轴看，学生的学习对象是英语，目的语文化简称为英美文化。因此在目前对学生进行跨文化交际的目的语文化输入时，仅限于对英语国家的文化介绍。对学生的目的语文化输入应从时间、空间的大框架下进行教学和研究，树立大文化的概念，培养学生对文化的共性和差异的整体认识。大学英语教材中缺失了对目的语文化中深层文化、文化的历史与关联的介绍，使得学生容易将从好莱坞电影和其他传媒获得的信息当成目的语文化的主流价值观，但实际上这与西方的主流价值观是有很大差距的。正是由于对文化深层结构认识的忽略，造成学生很难区分西方的主流文化和非主流文化，因而很难对文化现象进行选择和辨识。

二、目的语文化和母语文化的兼容并蓄的策略

在英语教育过程中实现目的语文化和母语文化的兼容并蓄并非易事，这需要我们认真分析英语教育的复杂过程和影响英语教育的诸多因素。下面从教学大纲、教材内容、教学模式和提高教师文化素养四个方面探讨实现文化教育的途径和策略。

① 罗德芬．全新版大学英语综合教程[M]．北京：北京交通大学出版社，2006.

（一）教学大纲的定位

要实现目的语文化和母语文化的兼容并蓄，首先有必要制定出语言与文化相结合的目的语文化教学大纲和母语文化教学大纲。由于文化纷繁复杂，在制定文化大纲时，既要考虑到文化教育的多维性和层次性，也要考虑到文化教育的阶段性和文化项目的实用性。如果我们把文化分为直接对交际产生影响的知识文化和间接对交际产生影响的交际文化，那么编制大纲初级阶段时交际文化项目应多些。随着水平的提高、交际障碍的减少，知识文化的因素应加大。

跨文化交际教学大纲的设计主要分析教学环境和学习者。教学环境主要包括时间因素（教学计划总课时）和地点因素（教学计划的实施场所）。学习者范畴主要包括四个因素：学习者未来的社会地位、职业、英语学习目的和交往场所。大纲一般包括五个表：社会文化项目表、词汇表、语法项目表、功能项目表和语篇项目表。考虑这些因素对编制教学大纲的工作具有指导意义。

（二）教材内容的选编

教材编写应使语言教学和文化教育同步发展，因此在选取语篇时，首先考虑那些富含语言精华的文学作品和介绍两种风俗习惯的语言材料作为学习的语篇。语篇既要包括目的语文化，也要包括母语文化，将两种文化有机地结合在同一教材中，以便学生对比分析。材料的选编应注意材料的真实性、典型性、得体性、简洁性和规范性，同时注意主流文化和非主流文化的结合。另外，材料中的文化项目的取舍应遵循实用性原则、适度性原则、相关性原则和阶段性原则。英语学习初始阶段的材料尽量反映表层文化（器物文化，如西方的刀叉和中国的筷子等）。基础阶段的材料要尽量反映与中层文化密切相关的语言现象和文化习俗。随着语言水平的提高，文化愈加显得重要，教材中可以选入一些反映深层文化（观念文化）的语言材料。

（三）课堂教学模式的建构

在文化教学的过程中要遵循两个原则：一是相关实用性原则；二是从易到难循序渐进的原则。桂诗春教授曾经介绍过几种传授社会文化知识的方法：（1）文化旁白，即随时碰到随时讲授。（2）同化法，即辨认交际中的文化失误。（3）文化包，即对特定文化题材进行对比和讨论。另外，注解法、融合法、实践法、比较法和专门讲解法都是课堂讲授文化的常用方法。总之，文化教学应与语言教学同步融合，通过归纳总结和对比分析使学生了解母语和目的语在语言结构和文化上的异同，并将这种差异放置在一定的社会文化历史语境中进行讨论，让学生了解其产生的社会文化根源以及它们所代表的不同的文化价值观，从而获得一种跨文化交际的文化敏感性。这样，中国语言文化和外国语言文化的融合与互动必能产生“1+1>2”的效果。

（四）教师文化素养的培养

倡导并鼓励英语教师“会通中西”。英语教师在介绍、引进和研究西方语言文化的同时，也应当通晓本国的传统文化。只有“学贯中西”，才能具有超然的分辨能力，在处理中西文化冲突方面显现出博大的胸怀和高超的智慧。所以，在广大英语教师中倡导中西文化学习，力求“会通中西”与“学贯中西”是很有必要的。英语教师应当不断提高自身的文化修养，尽量使用正确和得体的英语进行课堂教学。

第三节　英语教学中的文化定式

一、文化定式的主要理论

（一）文化定式与认知

“定式”概念最早由美国记者李普曼（Lippmann）在《公众舆论》（《Public Opinion》）一书中提出，指“人们脑中有序的、模式化的并由文化决定的形象”。李普曼认为，由于人类所处的环境太过复杂，如果要对世界上的所有人所有事都一一去体验并认知几乎不太可能，因此人们开始将认知方法简化，把具有相同特征的群体或民族形象归类到一个认知框架中，比如男人、女人、老人、孩子等。这些形象可以帮助人们加速信息认知和加工的过程。[①]20 世纪 30 年代起，社会心理学家们在李普曼的基础上，从不同层面定义“定式”，其中有代表性的观点是“对现实的某一方面，特别是某些个人或社会群体的相对僵化、过分简单或带有偏见的认识”。[②]20 世纪 50 年代，社会心理学家将“定式”作为一个中性概念，他们认为“定式”是社会化的结果，是一种普通的、不可避免的、人类在应对复杂的外部世界时普遍使用的一种基本认知策略。

20 世纪 80 年代末，跨文化交际学引入“定式”概念，演绎出“文化定式”概念。文化定式是指人类主体在一定历史时期、一定社会条件下，以一定状态固定下来的心理活动倾向，这种倾向是代表着人类对外部自然、社会现象反应的趋向性，

① Walter Lippmann. Public Opinion[M].Free Press Paperbacks.1997.

② 李普曼．公众舆论 [M]. 阎克文，江红译 . 上海：上海人民出版社 , 2002.

表现着它准备去完成一定行为的社会文化规定性。它是人们在社会文化活动中对特定文化背景下某一群体或社会类型的类型化认识。这种类型化认识使人们在没有和某种文化接触的情况下，可能已经对它有了先入为主的印象。例如，亚洲人的数学都很好，犹太人都很善于理财。因此文化定式有着很强的思维认知性。美国艾柏林基督大学教授卡莱·多德（Carley Dodd）更是明确指出成功的跨文化交际与认知因素紧密相关，而定式概念就是认知因素之一。

（二）英语学习中的文化定式认知类型

英语中的文化定式认知包含了两种类型：对自我文化的定式认知和对他文化的定式认知。这两种认知类型来自社会文化心理学对定式概念的“自定型”和“他定型”的划分。

1. 自我文化的定式认知

自我文化的定式认知，即“自定型定式”，是指群体对自身共同认可的价值和行为特征普遍性、概括性的表述。本群体成员往往会不加反思地对本群体的价值观和行为特征做出简单的认同。这种基于群体观念的认知是所属群体共同认可的价值，使人们在同一价值体系中的社会行为有可能合理和规范，并作为一种“自我图像”向本民族语言使用者和其他语言学习者进行价值观的传递。这一传递过程通过语言和认知形式实现，比如英语学习者在语言学习过程中，就能从习语等特殊语言形式中感知某些特殊的“自我图像”。

英语中有许多表现英语文化固有价值和行为的表述。这些表述体现了英语语言文化所认可的价值观和行为特征。以见面为例，对社会礼仪观的认可：take off one's hat to（向他人表达敬意）。这条短语起源于欧洲贵族脱帽致意的风俗，尤其是绅士见到妇女，便把帽子摘下置于胸前，以示尊敬之意。虽然贵族时代早已过去，如今也很少见到戴礼帽的人，但脱帽行礼这个定式认知却在英语习语中保留了下来。

2. 他文化的定式认知

他文化的定式认知，即“他定型定式”，是指群体对其他社会和文化群体的价值观和行为特征的共同认定，也常常被称作“他者图像”。某一群体的成员往往容易先验地将上述的价值和行为加诸其他文化群体中的任何一个成员。而由于群体对其他群体进行认知的时候往往是从自身立场或价值观出发对其他对象价值和行为进行判断，因此这种判断和认知带有评判性的感情色彩，可能造成不够公平、简单化的结果，并且很容易演化成文化偏见。英语中有“take a French leave”，字面意思是“像法国人那样告别”，而其真正含义则是“不辞而别”。习语的背后隐含了对法国人懒散生活方式的一种嘲讽，这种嘲讽可以看成当时一部分人存在不全面的认知。可是当它出现在语言中，并被这样一句简单的习语来概括时，它就不再是一种个体的认知行为，而成为具有普遍意义的一种模式化认知行为。懒散就成为法国人这一社会群体的一种群体形象或符号代表。

（三）文化定式现象的认知特点

1. 普遍的类型化认知

语言及意识形态本身就是对社会经验认识的概括和总结。文化定式现象则更突出强化了这一点：将个体的特征性表述类型化成个体所属群体的一般特征，并成为该群体区别于其他群体的一般特征。例如，18 世纪英国有一群特殊的上流社会妇女，多为女性文人或女性文学爱好者，经常聚会讨论文学艺术方面的问题。她们在聚会时通常穿蓝色的毛织长筒袜，以区别于只穿黑色长丝袜的传统妇女，同时表明她们对自己所讨论的课题是严肃认真的。这一特色后来被类型化为这一类妇女的群体特征，并成为习语，a bluestocking（穿蓝袜子的人）就成为“女学者”的代名词。类似的表达还有 blue-collar worker（蓝领工人，干体力活的人）、white-collar worker（白领阶层，脑力劳动者）。这种类型化的过程虽然可能过于简单或笼统，但符合人们认知世界的要求，减少了人们认知世界的复杂性。这种定式现象甚至还可以在交际过程中起到某种“指南”的作用。比如习语 Chinaman's chance，虽然带有强烈的个体偏见，但确是对当时中国矿工的生活经历最简单明了的概括，让人们能够在短时间内对来淘金的中国人留下印象，虽然未必是正确的印象。所以习语中的定式认知与其他定式一样，是人们在应对复杂的外部环境时普遍使用的一种基本的认知策略、一种类型化的认知框架。

2. 笼统化的过度概括认知

作为一种普遍的类型化概括认知，基于语言表达定式中的“描述”与“评价”概念、“认知”与“情感”因素往往难以分清，对特征的描述也蕴含着褒贬评价和好恶选择，甚至一定程度的行为倾向。这种过度概括的认知会让人们在区别“自我群体”（in-group）和“外人群体”（out-group）时产生偏差，忽略群体内部的差异而过分夸大群体间的差异，如夸大种族差异等。Indian gift 就是一个典型的例子，该习语字面意思是“印第安人的礼物”，实际指送别人礼物然后又要回来。这很明显是带有情感因素的过度概括，对特征（印第安人的礼物）的描述包含着鲜明的贬义成分。再如 Castles in Spain，字面意思是“西班牙的城堡”，实际上常被用来表示空想或白日梦。此外对性别差异的过度概括，尤其是对女性地位的贬低，也不少见。如上文举过的 bluestocking 一例，原本是指有文学修养的知识女性，后来随着社会意识的变迁，加上 bluestocking 所表达的女性特有的着装特色，其含义被扭曲并夸大，使用时常带有贬义，讽刺附庸风雅、假装有文学修养的女性。

另外，认知本身又会加深文化定式：文化定式不仅表现在语言中，同时又被语言强化。在这些习语产生之前，对某一群体的特定印象也许只是存在于一小部分人中，或被社会的少数群体认识。而当这种印象成为习语，成为一种意识框架，经常性地在人们的日常生活中使用时，这种特定的印象也就扩大成为普遍认识，因此习语这种普遍认知的形成无形中又加深了文化定式的现象。而事实上，在今天的全球化背景下，文化日益多元化，这些习语中所提到的或特指的种族或性别等特性很多已经改变甚至消亡了。但在今天的英语中，我们仍然可以看到这些习语的使用。也许使用者本身也并未特别强调该文化定式的作用，可是作为一种流动的活的使用语言，这些习语所具有的对社会生活、文化的影响力仍然不容忽视。尤其对于语言学习者来说，作为了解目的语的社会文化生活的一个重要工具和手段，这些习语的学习在某种程度上是会起到干扰作用的。

二、文化定式对大学英语教学的启示

英语学习实际上是文化学习的过程。英语学习的一个重要目标就是培养学生的跨文化交际能力。跨文化交际中的文化因素对大学英语教学的影响已经引起越来越多学者们的关注，而文化定式观念是英语教学中不可忽视的因素之一。

作为培养跨文化交际能力重要手段的大学英语教学，我们面临这样一个问题：为了帮助中国学生与不同文化背景的人们，特别是英语本族语的人们进行有效交往，增进相互了解，就必须概括文化差异，必然要建立某种文化定式。然而，这些文化定式对于差异的“过分概括”有可能人为地制造屏障，妨碍汉语文化与其他文化间的人们进行交流和理解。因此，正确认识跨文化之间的文化定式对英语教学有深刻的启示意义。

（一）树立正确的认识态度

作为一种认知的心理过程，文化定式是无可厚非的。在这个意义上，我们需要在英语教学中强调，文化定式应该是中性词，而非贬义词。在承认文化定式存在优势的基础上，我们应大胆而谨慎地建立定式，进而向定式挑战。

（二）老师要在英语教学中扮演正确的角色

在教学过程中，老师应改变传统的教学模式，把目的语言文化中的文化背景知识融入具体的语言教学过程之中，使英语教学深入语言符号的使用上。

（三）学生也应该发挥自己的作用

作为吸收知识的学生，也应该发挥自己的主观能动性，更加主动地、积极地去吸收知识、进行思考。除积极参加老师组织的各种活动之外，还要主动涉猎报刊媒体，形成自己的文化框架，用宽容的眼光看待不同种族群体的文化，同时对文化定式有一个正确的认识，以高度的跨文化敏感性进行交际。

第四节　跨文化交际的语用失误

一、语用失误的界定

一般认为，当说话人在言语交际中使用了符号关系正确的句子，但说话不合时宜，或者说话方式不妥、表达不合习惯等，具体说来，说话人不自觉地违反了人际规范、社会规约，或者不合时间、空间，不看对象，不顾交际双方的身份、地位、场合等，违背目的语特有的文化价值观念，使交际行为中断或失败，使语言交际遇到障碍，导致交际不能取得预期效果或达到完满的交际效果，这种性质的错误就叫语用失误。

从上面对语用失误概念的界定可知：

1. 语用失误有广义和狭义之分。广义的语用失误，指任何语言使用错误，包括拼写错误、语法错误之类的语言运用错误。语用学学者多研究狭义的语用失误，即语言使用的可接受性，而不是语法正确与否。

2. 语用的最高原则是得体，也可以说语用失误是语用者违反了得体原则所产生的后果。具体地说，就是违反了人际规范，忽略了社会文化背景和交际的具体场合等，或为无意违背，或为取得某种效果。

3. 语用失误的界定是以说话人为参照点的，不考虑听话人的理解能力和过程，尽管失误的最终判定取决于所使用的语言对听话人产生的效果如何。所以，交际成功与否就是所使用语言的实际交际价值和说话人意欲表达的含义等同与否。

国内学者一般把语用失误分为语用语言失误和社交语用失误，这种分法基于语用者对语言语境或社会文化语境把握不当。语用语言失误指对语言语境把握不当导致的语用失误；社交语用失误指交际中因不了解或忽视谈话双方的社会、文化背景差异而出现的语言表达失误。但是两类语用失误的区分不是绝对的。由于语境不同，双方各自的话语意图和对对方的话语的理解都可能不同，因而某一不合适的话语从一个角度看，可能是语用语言方面的失误，但从另一个角度看，也可能是社交语用方面的失误。

另一种分法是以交际发生在同一文化中还是在跨文化中为标准。国内许多学者在谈到语用失误时，总是与跨文化交际联系起来，似乎语用失误只发生在本族语者和非本族语者之间的交际中。其实，广义的跨文化交际包括使用同一语言但文化背景不同的人们之间的交际，语用失误有跨文化交际中的失误和母语文化交际中的失误的区别，或称为语际语用失误和语内语用失误。

二、语用失误的具体表现

（一）语用语言失误

1. 语音上的语用失误

汉英两种语言在语音方面的差异之处也正是中英跨文化交际在语音方面易发生语用失误之处，主要表现在以下几个方面：

（1）重音不同

从语言的语音系统来看，汉语属声调语言，靠声调辨义，而英语属于语调语言，主要靠语调辨义。汉语的字、词无重音、次重音之分，句子无升降之别，因此，初学英语的学生往往对英语的重音、次重音掌握不好，产生语用失误，而初学汉语的外国人却对汉语的声调掌握不好。

（2）双元音发音不到位

英语的双元音在发音时有口形变化，通常是由前一个音向后一个音滑动，而汉语拼音的双声韵母无口形变化。由于受汉语的影响，初学者常把英语的双元音处理成汉语的双声韵母。如 bai（拜），对汉语拼音里的双声韵母 ai 和英语单词 buy 里的双元音不分。这种受汉语双声韵母发音的影响发出的英语双元音听起来比较生硬。

（3）单词末尾加音

英语既有元音结尾的开音节词，又有以辅音结尾的闭音节词，而汉语的字多数以元音、次元音结尾，属开音节。汉语的这种语音特征使初学英语者在发以辅音结尾的英语单词时，常在其后加上一个元音。

（4）不能正确把握语调、重音、说话的快慢和停顿的长短

例如，同样一个短语“你读”，用不同的语调和重音说出可以表达不同的意思，可以是命令，也可以是疑问等。重音位置的不同会影响人们的注意点。印度人常常在主要观点前的那个句子上加重语气，然后低声说出他们的观点，故印度人在和中国人谈话中述说主要观点时，中国人常常不注意。重音位置不同，也

会产生不同的语用含义，如“这件衣服看上去很好”，如果重音在“很好”上，是对衣服的褒扬；如果在“看上去”上，其寓意就为“实际上不怎么样”了。

2. 词汇上的语用失误

在跨文化交际中，相同或相似的地方一般不会发生语用失误，需要特别注意的是那些不同的地方。在使用颜色词、数目词、称谓词、谦敬词以及可能会产生不同会话意义的词语时，常常出现语用失误。下面主要从颜色词和数目词易出现的语用失误进行分析。

（1）颜色词的语用失误

颜色词也有着特殊的文化意义，这不仅在于使用不同语言的人对颜色的理解不同，还在于颜色词有其特殊的联想意义，它能引起人们的特殊联想，激发特别的反应，产生特别的社会文化意义。

①红色和绿色

在诸多颜色中，英汉文化内涵差异最大的要数红色。中国人对红色的文化意义极为熟悉，因为它是中华民族最为喜爱的颜色之一。从新年到婚礼，从故宫的红墙到豪宅的朱门，从古典诗词到文学巨著，红色作为主色调无时无刻不在显示其阳光、幸福、热烈、繁荣、好运等美好而积极的含义。有关红色的诗句如“日出江花红胜火”“霜叶红于二月花”“映日荷花别样红”“万紫千红总是春”等，俯拾皆是，数不胜数。相反，“red”一词在西方文化中，意味着流血、恐怖、危险。例如，“see red”是发怒、冒火的意思，“in the red”是亏损、负债的意思，“red tape”是指手续繁杂、办事拖拉、不讲实际的坏风气。

西方人偏爱的绿色，大概来源于诺亚方舟上鸽子衔回的绿色橄榄枝，其所指和平、希望、青春、幸福等文化意义，相当于中华民族的红色含义。所以，英国著名汉学家霍克斯在翻译《红楼梦》时，误将怡红院译成“Court of Green Delight”。在表达“嫉妒”这一含义时，汉语中用的是“红眼”，和英语中的“green-eyed”及“to be green with envy”相对应。

②黄色和蓝色

如果说“红色”是中国百姓的首选幸运色，那么黄色则是封建社会中皇亲显贵的偏爱了，当权者对黄色的喜爱程度甚至到了限制民间使用的地步。这大约是“皇”与“黄”谐音的缘故，也或许是由于金子为黄色。百姓对黄色的喜爱除表现在对权贵的钦羡以外，还有一个重要的原因是他们对黄土地的依恋。以漫漫黄土为主要特征的黄河文化造成了人们认为土地为黄色的心理定式。无论中国人或外国人都把黄色与古老的中国联系在一起。之所以如此，是因为汉代以后阴阳五行说加入了君权神授的儒学思想，对黄色的解释也加入了神学和儒学的观点，黄色于是就变成了万世不易的大地自然之色，代表了天德之美，所以成为尊色，成为帝王的象征。在英语文化中，黄色却无此意义。西方人不习惯使用“yellow”一词，因为黄色在他们的文化中有“胆小、懦弱”的含义。对淡黄色的表达，中国人习惯用“米色”，这是因为米是中国人重要的主食；英国人则用“cream”或“creamy”来表达，因为奶油、黄油是他们的普通食物。

蓝色在西方文化中有高贵、清高的含义，如“blue-blood”指的是贵族血统，在这一意义上，它相当于汉语中的“黄色”。同样有趣的是，在指代“淫秽、不健康事物”时，汉语现代词汇中用“黄色”，英语中也是用“blue”来相对应，如“blue films”，指黄色影片。另外，蓝色在英语中表忧郁，而在汉文化中却无此意义。

（2）数目词的语用失误

汉英数目词比喻意义大多不对应，有的汉语成语中的数目词表达引申意义，而对应的英语数目词却只有实际意义，给汉英跨文化交际造成文化关联空缺。英语中许多词文化内涵丰富，在本族语读者中会产生共同的形象意义。这些词语形象受文化语境的制约。同样，汉语中的许多词语也有丰富的文化内涵，不熟悉汉语的文化就不能理解其内涵的引申意义。

汉语成语中“十”的比喻意义非常丰富，可指“达到顶点，足够多，全部”的状态和程度，而英语词 ten 除表示数字“10”之外，没有什么比喻意义。这样看来，汉语的“十”与英语的 ten 在文化形象上没有关联性，无法用 ten 来表达“十”字的含义。例如，十全十美（比喻完美无缺），英语表达为 leave nothing to be desired in every way；十年寒窗（形容读书人长期苦读的生活），英语表达为 study hard and long/grind away at studies；十羊九牧（比喻民少官多），英语表达为 more officials than people under control；十拿九稳（形容办事非常准确或有把握），英语表达为 beyond a shadow of a doubt/unquestionable。这些汉语成语中的“十” 字都是比喻足够多的状况，与真实数字意义无关。其中的“九”

字也是作为衬托，与“十”呼应比喻，没有实际意义。

3. 语法上的语用失误

（1）主语的语用失误

英语注重主语，英语句子都要有主语，并且以动词为核心，主语和谓语之间形成互相制约的关系。英语主语具有“不可或缺性”，它与全句具有“全面而密切的关系”，它是谓语讨论或描写、叙述的对象。因此，除了在祈使句和某些惯用语中有时可省略英语的主语外，其他情况下主语的省略和缺少会被视为严重的语法错误。然而在汉语句法结构中，主语并不具有“不可或缺性”。现代汉语中存在着各种类型的无主语句，这些句子既非省了主语，也非必须加上主语才算完整句，而是现代汉语中特有的一种句型。由于不明白“主语”这个语法概念在英汉两种语言中各自所占的重要性的差异，学生很容易犯“主语遗漏”的错误，例如 Just like learning our mother language，only by means of reading or writing can't learn English well. 这句话缺主语，only by means of reading or writing 是状语，而非主语，应改为：Just like learning our mother language，we can't learn English well only by means of reading or writing.

另外，英语的主语是一个与全句具有密切关系的成分，而且有一个极为严格的基本制约条件，即主语必须是而且只能是名词或名词性词语。其他任何词要想作主语，必须使其具有名词的性质，做一些形式上的改变。汉语中几乎什么词都可以直接作主语，其主语具有很大的词类兼容性，原因是汉语的主语可以只是个“话题”。任何事物都可以成为话题，名词性事物可以成为话题，动词性、形容词性、数词性及表示情景事物的词语都可以成为话题。因此，汉语可以有各种词类的主语也就不难理解，学生在学习英语时很容易犯“主语与主题混淆”的错误，把汉语中的主题简单地当作英语的主语。

（2）语序的语用失误

①英汉语序的形式差异

不同语言的基本句式有着不同的扩展延伸方式。所谓“扩展延伸”，是指句子的基本结果随着思维的发展呈现出的线性延伸方向。汉语和英语句子在做线性延伸时，汉语句子是按照从后向前的方向进行的，是逆线性扩展方式，而英语句子往往是句尾开放式，句首收缩式，属于顺线性扩展式。因此，英汉定语修饰语的位置存在着较大的差异。汉语修饰语一般前置，而英语修饰语比较灵活，既可以前置，也可以后置，并且更倾向于后置。英语中，当形容词短语、介词短语、不定式、不定式短语、分词短语或从句作定语时，定语需置于中心词之后，单个词作定语一般置于中心词之前。由于汉英两种语言的差异，在翻译多个定语的短语和句子时，中国学生常为汉英定语的不同排列顺序而困惑，因而经常出现语序上的表达错误。

②前置式和后置式

思维模式对语言语序表达模式有着重要的影响。总的来说，人的思维是相近的，普遍按“行为的主体—主体行为—行为客体”来思考，但各个语言民族的思维模式同中存异。这种差异主要表现在以英语为母语的民族的思维方式是

“主体—主体行为—行为客体—行为标志”，由此引起的语言表达模式为“主语 + 谓语 + 宾语 + 状语”；而以汉语为母语的民族的思维方式是“主体—行为标志—主体行为—行为客体”，由此引起的语言表达模式为“主语 + 状语 + 谓语 + 宾语”。总体来说，这两种思维模式对英汉语序的影响主要体现在各修饰成分在句中应该处于的位置：前置或后置。汉语的状语在谓语之前，而英语的状语在谓语之后。因此，汉英翻译时需注意调整语序。

③汉英在主谓语序上的差异

汉英在主谓语序上的差异主要表现在以下两个方面：第一，英语是一种动词移位的语言，而汉语则不是。首先，动词的移位，主要表现在陈述句与疑问句的转换上。英语的陈述句转换为疑问句时，往往通过主动词或助动词的移位而构成，形成与汉语不同的部分或全部主谓倒装。其次，为了实现一定的语用意图，英语中常出现一些话题性前置，尤其是状语、补语和谓语动词的前置，常常引起动词移位或主谓倒装。由于一定的语法结构需要倒装的情况，称为结构性倒装。第二，在是否重视末端重量的问题上，英汉语言也存在差异。汉语是不重视末端重量的语言，当主语较长而谓语只是动词时，不会造成句尾失重，一般不会主谓倒装。而英语则是重视末端重量的语言。句尾中心和句尾重心是决定英语词序和句子的两项重要原则。一般来说，句尾是信息中心所在，同时是安置分量较重的句子成分的部位。通常句子结构必须避免头重脚轻，谓语部分应该比主语部分更长，结构更复杂。因此，在句子成分方面，英语往往按照先短后长的规律组句，头轻脚重，而汉语却恰恰相反。在跨文化交际中，这方面也正是最容易发生失误之处，必须引起重视。

（二）社交语用失误

社交语用失误不是因为语用者的语言能力欠缺，而是社会文化能力欠缺所致，是语用者未能完成交际场景所要求的言外行为而造成的。具体来说，社交语用失误是由于文化背景不同而犯的语用错误，社交语用失误根源于文化冲突以及在特定场合什么样的行为才算得体的不同观点。如果对对方的文化背景不了解，在跨文化交际中往往无意间把本国特有的文化意识形态通过语言强加给对方，就会造成社交语用失误，可能使人惶惑不解、闹出笑话，甚至失礼。从这个角度讲，社交语用失误也可视为文化的语用失误。这里所说的文化就是对跨文化有影响的“交际文化”因素。这里主要从礼貌语、称谓语、委婉语三个方面的语用失误进行简要分析。

1. 礼貌语的语用失误

礼貌语是人际交往中的一种最常见的用语，它既是人际交往的基本内容之一，又是人们相互之间沟通的中介和桥梁。然而，礼貌语的使用同样需要注意不同文化之间的差异性。如对不同文化的差异性了解不够和把握不当，便容易导致跨文化交际中的社会语用失误。在社会交往中，礼貌是促进人际关系，进行沟通与交流的一个不可缺少的因素，所以，虽然语用失误现象会出现在方方面面，礼貌却是制约语用的关键。

礼貌准则是指那些制约言语行为的礼貌规范。每个国家都有自己的社会习惯、行为准则和社会方式，通过对比与分析，可以找出中英礼貌准则的共同规律与特殊规律。中国是文明古国、礼仪之邦，有着悠久的历史渊源。中国社会科学院语言研究所研究员顾曰国先生在《礼貌、语用与文化》[①]一文中归纳了五个礼貌准则：①“自卑而尊人”与贬己尊人准则；②“上下有义，贵贱有分，长幼有等”与称呼准则；③“彬彬有礼”与文雅准则；④“脸”“面子”与求同准则；⑤“有德者必有言”与德、言、行准则。五个准则互相渗透，互为制约，其中“贬己尊人”是中国式礼貌的突出特点。

英国语言学家利奇（Leech）根据英国文化的特点列举了六条礼貌原则：①策略准则（Tact Maxim）。尽量减少他人付出的代价，尽量增大对他人的益处。②慷慨准则（Generosity Maxim）。尽量减少对自己的益处，尽量增大自己付出的代价。③赞扬准则（Approbation Maxim）。尽量缩小对他人的批评，尽量增强对他人的赞扬。④谦虚准则（Modesty Maxim）。尽量缩小对自己的标榜，尽量夸大对自己的批评。⑤赞同准则（Agreement Maxim）。尽量缩小与他人的不同意见，尽量夸大与他人的相同意见。⑥同情准则（Sympathy Maxim）。尽量缩小对他人的厌恶，尽量扩大对他人的同情。由此可见，英、汉语言的礼貌准则有许多相似之处，但是不同的语言有各自不同的文化背景、衡量标准与表现方式。科学地分析、对比中英礼貌准则的差异，有助于减少和避免在礼貌语方面的语用失误。

---

① 顾曰国 . 礼貌、语用与文化 [J]. 外语教学与研究，1992（4）：10-17，80.

2. 称谓语的语用失误

称谓词语是语言交际中不可或缺的组成部分，在许多情况下，称谓是传递给对方的第一个信息。不同的称谓，反映了交际双方的角色身份、社会地位、亲疏关系和情感好恶等。言语交际所要表达的许多意义，往往不必通过语句，而是通过称谓就可明白无误地表达出来。世界上任何一个民族都有自己的称谓系统。由于不同的文化背景，各民族称谓词语的数量和指称的范围各有特色。中国文化传统“重名分，讲人伦”的封建伦理观念，与西方社会“人为本，名为用”的价值观念，使得中西方在称谓系统上存在着明显的差异。在不同的语言中，某些具有相同意义的词语，由于受社会文化的影响，会有不同的语用意义。例如，汉语中的“奶奶”同英语中的“granny”在语言意义方面是相同的，而在语用意义上却存在差异。在中国，对年龄大的妇女称“奶奶”，表示尊敬，但在英语国家，如用英语称呼某位老妇人 granny 则会引起对方的反感。因为在英语文化中，granny 这类称呼语与显示老年人“精力、体力、能力下降”这一意义联系在一起。

3. 委婉语的语用失误

（1）与宗教相关的委婉语

委婉语的产生最初与宗教信仰和宗教中的禁忌有关。在古希腊和古罗马，人们对神敬而畏之，受“语言拜物教”的影响，神的名字被认为是神的化身，神的名字因而成为禁忌语。于是反映在语言中就是极力采用巧妙的方式，避免触怒神祇，亵渎神灵，人们用 the Lord，Gosh，Golly，the All Mighty 等代替 God，用 the deuce，Old Nick 来避讳 the Devil。中国也是如此。早期从图腾崇拜、祖先崇拜到人为宗教无所不有。比如逢年过节时不能亵渎神灵，如买财神画像，不能说“买”，只能说“请”；商家卖时也都说是“送财神”，而不是“卖财神”。

（2）与疾病有关的委婉语

疾病总是给人以痛苦之感，人们对疾病尤其是危及生命的病更为惧怕，例如人们不说 cancer 而改用 Big C（大写字母 C），long disease（不治之症），不讲 AIDS 而说 communicable social disease（可传染的社会疾病）。人们不再称精神病医院为 insane asylum，而是 mental hospital。同样，汉语中也有一些关于疾病的禁忌说法，如把生病叫作“不舒服”，把耳聋说成“耳朵不太好使”……人们总是想方设法用委婉的表达来掩饰其现实，以此减轻心理压力。

（3）社会地位等级方面的委婉语

在西方社会里，不同的社会分工所形成的极大的收入差距造成了从业者高低贵贱不等的社会地位，特别是某些第三产业职业，因其工作环境恶劣、收入低微、社会地位低、缺乏体面而使相关的从业人员经常遭歧视，感到抬不起头，没有面子。委婉语的使用赋予了他们以动听舒心的名称，从语义上提升这些低微职业的地位，使其显得比本义更加重要，从而在一定程度上使从业者增强信心，给他们带来一定的心理安慰。这样的委婉语很多，如理发师 hairdresser 提升为 beautician 或 barber，花工 gardener 变为 tree surgeon 或 landscape architect，补鞋匠 shoe maker 为 shoe repairer，洗盘子的服务员 dish washer 变为 utensil maintenance man，机修工 mechanic 变为 automobile engineer，干洗工 dry cleaner 变为 dry cleaning engineer。这些委婉语的应用显然满足了社会心理需求，起到了提高从业者社会地位，消除其忧虑的作用。

随着改革开放的进一步深入，中国的传统文化思想和价值观念受到了外来文化的冲击，人们的职业价值观有了很大改变，汉语职业委婉语有发展壮大的趋势。如“失业人员”被称为“下岗职工”或“未就业人员”，穷人被称为“困难户”或“低收入者”，理发师被称为“美容师”，环卫工人被称为“城市美容师”，离家谋生的被称为“打工一族”，住房装修工被称为“家居装潢设计师”等。

第三章　英语中的文化教学

第一节　文化教学概述

一、文化教学的定义

文化教学是指在教育过程中，对学生进行跨文化的教学活动，旨在引导学生获得丰富的跨文化知识，并培养他们的跨文化能力和素养。语言是社会的产物，它是特定社会文化的载体。语言蕴含着一个民族丰富的文化价值及其独特的文化意义。不同的语言代表了不同的文化，语言受文化影响，其本身也是精神文化的一部分，语言与文化密不可分，相互影响，相互作用。第二语言的习得同时也是第二文化的习得。当人们学习一门语言时，同时也是在学习一国一族的文化，当教师在教一门语言时，也是在传递一种文化理念。学习一门外语就意味着学习跨文化交际，学习不同于自己民族的文化，学习另一种思维方式和习惯。因此，文化教学是语言教学和跨文化交际能力培养的基本内容。

二、实施文化教学的重要性

（一）平衡教材结构

教材在教学中起着至关重要的作用。教学是以教材为媒介构成的教师、教材、学生三者之间相互作用的过程。在教学过程中，教材是一个重要因素，是承载并传递课程内容的载体，教与学都要通过教材来实施。教师通过教材将课程内容以有形的方式表现出来，导入教学过程。学生则将教材作为直接的学习对象，通过教材理解课程内容并达成学习目标。教材往往蕴藏丰富的教育价值与文化价值，在教学中，它既是学生的学习对象，同时也左右着学生对科学概念等课程内容的理解和掌握。

由于我国英语教学以应试教学为主，目前的教材普遍注重英语四、六级考试词汇的覆盖率和复现率，就连练习题型的设计也参照英语四、六级考试。这必然会影响到文化词汇在教材中的覆盖率。而且练习的设计往往围绕语言知识进行，几乎没有对文化知识、文化能力的训练。目前通用的大学英语教材并不能满足中国大学生跨文化交际的需求，对他们的跨文化交际能力的培养促进作用不大。而且，在一些涉及文化的英语教材里，还存在着文化失调的现象。大学英语教材均属目的语文化教材，基本上单一地呈现英美文化，即使在文化背景介绍中也只介绍英美文化背景，未能将之与相关中国文化加以比较。因此，亟须开发文化教学，将英语教学从以语言知识为中心转向以文化为中心，将中西文化内容比重纳入教材评估体系，促进学生学会用英语表达本土文化，发展跨文化交际能力。

（二）有利于培养学生的跨文化意识

在日益重视学生语言交际能力培养的今天，“目的语文化”也日益得到重视，因为人们在使用语言进行交际的过程中，不仅体现了语言使用者的知识和能力，而且融入了他（她）对目的语文化以及其他运用情景因素的理解和反应，也包括了对这种语言赖以生活的文化背景以及社会风俗习惯等方面知识的获取。因此提高学生的跨文化意识，培养学生对英语的一般文化差异的敏感性和适应性，进而发展成为一种文化能力，已逐渐成为英语教学中的一个重要课题。英语学习本身就是一种跨文化过程，学生在接受和理解英语的同时，也在接受和理解对方的文化。但以往的外语教学均忽视了语言使用与文化因素的相互作用，培养出来的学生大都能很好地掌握语法、词汇，却缺乏在恰当的场合使用恰当的语言的能力。在应用英语的时候，学生有可能发生语言失误和文化失误，前者可以被谅解，而后者往往造成误解，甚至导致隔阂。这种由误解导致的文化冲突必须在教学中加以重视，并不断提高学生的敏感性和强化预防意识。只有这样，才能有效提高跨文化意识，顺利实现跨文化交际。

在学习英语的过程中加入文化教学，有助于学生从不同的角度来观察和认识世界。因此，在英语教学过程中，教师要有意识地向学生传授目的语国家的文化知识，有意识地培养学生对两种文化差异的敏感性，使学生逐步具备文化比较能力，以便能够得体地进行语言交际。当然，跨文化意识的培养，并不意味着单向接受和认同，而是双向互补的融合。有着几千年文明史的中华民族，在汉语语言系统中留下了丰富的文明，也在中国人的心目中深深扎根。学习英语，不可以带着崇拜和自我否定的态度，而是要着眼于文化对比，引导学生通过客观对比中英文化，建立正确的文化观和语言观，正确看待中西文化差异。

（三）有利于人才的全面培养

随着社会的进步和教学改革的不断推进，培养学生的综合素质成为21世纪外语教学的必然趋势。英语作为全球应用最为广泛的语言，显示出了重要的桥梁和纽带作用。但是大学毕业生的英语实际运用能力还比较薄弱，大学生如果在没有接受文化教学的前提下进行英语交流，可能会产生文化误解。

随着跨文化交际研究的深入，学生不仅要学习目的语文化知识，还要培养在目的语文化环境中得体的交际行为。从某种意义上来说，学习一种新的语言，就是掌握一种新的交际技能，了解一种新的民族文化。通过对中西方文化的对比和分析，学生能够客观、全面地认识英语文化，同时用全新的眼光来审视和认识本国文化，进而在国际交往中做到知己知彼。

第二节　英语文化教学的策略

英语文化教学在英语教育中占有举足轻重的地位，下面介绍几种常用的文化教学策略。

一、专门讲解法

专门讲解法指在对比学生的语言文化与目的语文化差异的基础上，选出目的语文化中较为突出的文化特征，尤其是容易引起交际困难的文化特征，并将其编成教材，开设目的语语言文化课程。

讨论外语教学时，关于文化导入，有一点往往被忽视，即大多数讨论主要是针对外族文化导入的重要性及意义，而较少提及本族文化的意义。本族文化在外语教学中至少有两个重要的作用：一是作为与外族文化进行对比的参照系，以更深刻地揭示外族文化的一些主要特征，从而也加深对本民族文化本质特征的了解。二是通过调节学生对本民族文化的心理状态，培养学生对外族文化和外语学习的积极态度，从而调动学生学习外语和外族文化的积极性，增强他们的学习动机。

二、文化旁白

文化旁白是注解法的一种，是传授社会文化知识的方法之一，也是课堂上教师最为常用的方法。它是指在进行语言教学时，就所读的材料或所听的内容中与文化有关的背景知识，教师恰当地做一些简单的介绍和讨论。一般来说，教材所选的课文都有特定的文化背景，有的是内容背景，有的是时代背景。同时，课文内容往往也涉及该国家的政治、经济、文化、宗教、建筑、地理、工业、农业等诸多内容，并且此类文章的信息量大，能生动地再现中西文化的差异，可读性强。因此，教师在备课和上课时要加入文化知识，这样大学英语课就不仅仅是单纯的语言交流，还可以提高学生在教育观、文学修养、价值观、社会生活和风俗习惯等方面的跨文化意识，从而大大提高学生的语言综合运用能力。在外语学习中，文化上的差异往往成为学生理解目标语的较大障碍，用这种方法能有效地清除部分语言认知障碍。教师可充当讲解员，也可以运用图片、实物教具或者多媒体课件等手段进行讲解。

三、角色扮演法

角色扮演法可以利用微型戏剧的表演模式。微型戏剧一般包括 3 ~ 5 幕，每一幕都有 1 个或 2 个反映文化冲突的典型事例。让学生通过观察剧目情景，亲历文化休克的情景，寻找造成交际障碍和文化冲突的原因。在设计角色扮演的脚本时要注意，脚本应该清楚简洁，具有趣味性和戏剧的张力，而且结局最好是开放式的，语言尽量采用日常生活或社交场景中使用的表达。

角色扮演活动通常准备的时间很长，甚至达 1 小时，然而真正表演的时间一般只有 5 ~ 7 分钟。角色扮演的主题可以是见面、国际谈判、拒绝别人等。

角色扮演的实施过程如下：

1. 向学生说明角色扮演的目的，使他们练习使用某一策略，并鼓励他们尝试新的活动进而向学生介绍角色扮演发生的情景。

2. 确定参演的学生，给参与的学生提供背景知识，让他们有足够多的时间做准备。参与的学生既可以是老师指定，也可以是学生自荐。老师最好要指导参与表演的学生的准备工作。

3. 教师给观看角色扮演的学生分配学习任务，让他们协助布置表演场地。

4. 表演过程中要做笔记，记录下表演者说的要点，以便之后开展讨论。

5. 表演结束后，请观看的学生思考，在相似的情景中有没有其他解决问题的方法。

6. 请学生回答一系列问题，目的在于使学生能够描述角色扮演中出现的问题，给学生思考其他策略的机会。

类似这种角色扮演的戏剧活动，能够使学生在演绎或观赏的过程中，体验到真实的英语语言表达环境，形成互动的学习氛围。在这样的活动中，既培养了语言的流利感，同时这种双向的、即时的、应景的语言输入与输出保证了语言习得过程的真实性与有效性，使得语言学习与文化活动相结合，体现了语言学习的实用性。

四、文化信息输入法

文化信息输入法是指通过各种媒体手段，如图片、电影、电视等来说明、解释某种“文化现象”。通过展示图片等方式向学生介绍西方文化，可以让学生对它们更了解，也更容易对它们形成一种感性认识。通过图片、电影等方式了解西方社会文化，是一种十分有效的手段。如果教师能适当地引导学生借助媒体学习，将会收到更好的教学效果。由于电视节目能提供多样化的场景，为学生学习英语交际提供了丰富的语言材料。通过观看电影、电视等，可以观察英语国家中的人们的姿态、表情和动作等非语言交际手段。还有专门介绍西方社会情况的纪录片，直观的画面与所要教授的文化内容相得益彰，可以使学生身临其境地体验到异国文化的不同，并能留下深刻的印象。例如，当在教材中遇到 sunny side up（单面煎）、appetizer（开胃菜）、wine list（佐餐酒单）等西方文化所特有的词语时，如果在日常生活中没有接触过，中国学生就不一定能立刻理解。通过实物照片展示，可以使学生更为直观地理解这些词语。另外，借助电视、电影、短视频等媒体资源，可以帮助学生了解不同的文化背景知识和文化习俗。如在美国和中国同样大热的 *House of Cards*（《纸牌屋》）展示了美国上层的政治斗争，可以通过它了解一定的美国政治文化知识；英国的 *Downton Abbey*（《唐顿庄园》）展示了 20 世纪英国贵族的生活风貌，可以从中了解英国的历史文化；英国电视节目 *Pop Idol*（《流行偶像》）和美国真人秀节目 *American Idol*（《美国偶像》）展示了英美普通人的生活；等等。这对于学生了解西方社会生活、风俗习惯和日常用语，以及不同地区、不同阶层的语言特色都有很大帮助。

文化信息输入法增强了学习材料的真实度和挑战性，进一步增强了学生对文化差异的认识与理解，为学生今后更好地参与交际活动打下基础。

五、微型戏剧教学法

微型戏剧教学法指在文化教学过程中，将文化冲突通过典型事例展现。在开展微型戏剧教学的过程中，必须要让学生感知到角色的真实，通过体会剧本中人物的性格，体验式地融入表演。通过体验微型戏剧的人物冲突而产生的文化困惑，学生自主去探究。这样的形式具有强烈的真实感，促使学生探寻造成文化冲突的原因与交际障碍形成的诸多因素，从而在无形中完成了文化与语言的融合与学习，保障了语言学习的效果。

第三节　英语文化教学的载体

由于课时有限，一般院校难以在大学英语教学中专门开设跨文化交际课，需要大学英语教师在教学过程中借助教材的教学内容进行跨文化教学，在听、说、读、写、译和词汇、语法的教学中，大学英语教师应该借助于这些教学内容载体和教学形式载体在平时的教学中融入跨文化教学。

一、词汇载体

词汇是构成语言的基本元素，是语言体系的基础，是使语言得以表达的单位。在不同的历史、地理、宗教、习俗、生活方式、价值观的影响下，同一单词在不同的文化语境下有不同的解读，对客体、事物、经验、感情都有特定的标识和命名，不同文化的特征经过历史的积淀都在词汇中留下了痕迹，因此单词的意义通常是文化所决定的。目的语里每一个词、每一个概念并非在母语里都会有对应的表达，这是因为词汇包含着不同语言的文化特征。在思维方面，词汇对语言和文化的影响力最大。如英语习语是英语语言的瑰宝，也是英语文化的一面镜子，短小精悍，便于学生记忆。这些词汇反映了该民族人们的价值取向、思维模式、社会习俗、地理环境、饮食文化和历史发展。从跨文化教学的角度来看，英汉两种语言之间存在大量的语义和文化不对等情况。因此，词汇教学不能只局限于语音、语法特征，而是必须与文化相结合，注重文化负载词汇的教学，准确理解词汇的文化内涵。

掌握某个词是指熟悉该词所有的潜在意义，明白使用这个词的适当场合和它的搭配语域，了解在同一词义范围内该词与其他词的关系。词的意义可以归纳为七种类型：（1）理性意义；（2）内涵意义；（3）社会意义；（4）情感意义；（5）反映意义；（6）搭配意义；（7）主题意义。其中（2）至（7）又统称为“联想意义”。词的理性意义及词的认知意义或指示意义，是词语最基本的意义，是对客观事物本质特征的反映或概括。然而，这种反映或概括在不同的文化中不尽相同，从而在语言上出现差异。而词的联想意义则多半与文化因素有关，具有民族特点。根据词语所代表的特定文化内涵的差异，可以把有关词语概括为四类：（1）指示意义相同，联想意义不同或截然相反的词汇。（2）指示意义相同，联想意义部分相同的词汇。（3）指示意义相同，在一种语言中有丰富的联想意义，在另一种语言中却没有的词汇。（4）各自文化中特有的词汇，即文化中的词汇缺项。

1. 指示意义相同，联想意义不同或截然相反的词汇

英语和汉语之间有许多“貌合神离”的成对词语，它们可谓是“面和心不和”，例如“individualism”和“个人主义”。对英语单词“individualism”的理解要追溯至古希腊的民主制度，古希腊的民主制度主要是以雅典为代表建立和发展起来的。原来的贵族当政经过多次民主改革，民主政治才逐步完善起来。公元前431年，雅典黄金时期的重要领导人伯利克里（Pericles）发表了一篇著名的演说。他说：“我们的制度之所以被称为民主政治，是因为政权在全体公

民手中，而不是少数人手中。”即每一个人都同样有政治的才能和权利，在政治上每一个人都是平等的，而这也是希腊民主的基本精神。由此可见，在西方，从古希腊民主制开始，便十分强调个人权利。虽然社会和国家是经由契约形式建立起来的，个人要让渡一定的权利和承担一定的义务，但是个人的独立人格尊严和自由的精神思想却是不容放弃的，因为每一个人都是自己的主人，都是独立的个体。

到了 18 世纪的启蒙运动时期，“individualism”指的是解放个性，每个人都拥有追求自由、平等和幸福的权利，这是针对中世纪以神权和封建皇权压迫人权的统治而提出来的。它强调人的价值、尊重人的独立人格、坚持人的平等，追求人的自我完善和发展。而汉语将其翻译为“个人主义”在许多语境里并不是一个光彩的词汇，意指“自私自利、损人利己、损公肥私”。这样的“个人主义”在西方伦理学中被叫作利己主义或自我主义，用的词汇是“egoism”。因此，我们需要明确我们所说的“个人主义”与英语单词“individualism”是完全不同的概念。类似“貌合神离”的成对词语还有“ambition”和“野心”。在西方文化中，“ambition”是“远大的抱负、理想”等正面、积极向上的意思，是西方人所崇尚和追求的价值观。而在中国文化中，“野心”或“野心勃勃”含有负面的意义。又如“农民”和“peasant”，在汉语中，农民指的是直接从事农业生产劳动的人。无论是在革命斗争或是在社会主义建设中农民都是一支重要的生力军，没有丝毫贬义。但是如果我们使用“peasant”来称呼我们的农民兄弟则会引起误会。因为在西方国家，“peasant”一般指未受过教育的、社会地位低下的或举止粗鲁、思想狭隘的人，带有明显的负面含义。

此外，将汉语中的“龙”译为“dragon”是最明显的错误。“龙”与“dragon”无论是在文化内涵、地位还是形象上都存在着巨大的差别。龙在中国文化中经过数千年的创造、演进和升华已成为中华民族的图腾和精神象征，是我们的文化标志、信仰载体和联系全世界华人的情感纽带，在中华文化中享有崇高和神圣的地位。而西方的“dragon”是个喷火怪兽，有双翼，形状像蝙蝠的翅膀，整体观之，狰狞丑陋，是恶、丑的象征，代表的是灾难性和破坏性的负能量。因此，2015年，书法家、文史学者岳崇提出了《关于纠正龙与dragon翻译错误的提案》。2015年7月14日，中国翻译协会在北京举行研讨会，对“龙”应该译作“dragon”还是“loong”进行了讨论。2015年，著名龙文化研究专家、西安中华龙凤文化研究院院长庞进解释把“龙”译为“loong”有两个原因：一是英文中已有发“郎”音且意为“长”的long，如果直接用汉语拼音“long”来翻译龙，就会造成一些疑惑，故给“long”加一个“o”，用“loong”来翻译龙；二是“loong”从单词形态上也好似一条长有两只大眼睛的龙，不仅形象，也让龙有了一丝“萌”的感觉。庞进的介绍和阐述得到与会专家的积极回应，多数专家认为将龙翻译为“loong”是可取的。

还有，与颜色、动物相关的词汇在指示意义相同的情况下，由于历史文化传统的不同，其联想意义也不相同。

例如，红色（red），中国人喜爱红色，红色象征喜庆、幸运和昌盛，新人举行婚礼时，穿红色服装表示大吉大利。汉语中存在诸多如“红榜”“红火”“红利”“开门红”“满堂红”等词语，可见对红色的偏爱。到了近代，“红”又衍生出“革命、进步”之意，于是就产生了“红旗”“红军”“红领巾”“东方红”等一系列新词。我们的国旗也被称作五星红旗。“Raise a red flag”在英语中虽然也有“升起一面红旗”之意，但是更多的时候是表示危险信号，有警告的意思。因为red在西方人眼里被视为不祥之兆，会使他们联想到鲜血，感到危险、愤怒，所以有like a red rag to a bull（激起人的愤怒之事）。英语中的“red”甚至有“淫荡”之意，美国作家霍桑（Hawthorne）的小说*The Scarlet Letter*讲述了女主人公海斯特（Hester）与当地牧师丁梅斯代尔（Dimmesdale）发生私情，教会在海斯特的胸前挂上一个耻辱的印记—— 一个红色的“A”。这里“A”取自adultery（通奸）的首字母大写。字母A之所以是红色的，无疑与这个颜色在英语中的联想意义有关。类似表示颜色的词汇还有白色（white），在汉语里，白色象征死亡、恐怖，而英语里的white则代表纯洁、美好，比如a white day（吉祥日）、a white lie（善意的谎言）。蓝色（blue）在汉语中表示肃穆、严肃，在英语中的联想意义却是忧愁、沮丧，如in a blue mood（情绪低落）、a blue movie（黄色电影）。

动物在英汉两种语言中被赋予不同的文化内涵，除上面所述的“龙”和“dragon”的联想意义存在差别以外，还有猫头鹰（owl）、蝙蝠（bat）等。

猫头鹰在中国人心目中是不祥之鸟，常表示不吉利。在英语中，owl 则被看作智慧的鸟，比如 as wise as an owl。英国民间童谣 *Mother Goose's Fairy Tales* 中对猫头鹰的生动描述是：“A wise old owl lived in an oak / The more he saw the less he spoke / The less he spoke the more he heard / Why can't we all be like that wise old bird？”（一只聪明的老猫头鹰坐在橡树上。它目睹的世事越多，说的话就越少。它说得越少，就越能倾听。为什么我们不能以它为榜样呢？）在中国传统文化中，由于蝙蝠的“蝠”与“福”字同音，因而蝙蝠被看作“幸福、福气”的象征，民间有许多图案用蝙蝠表示吉利。可是在西方，bat 是一种邪恶的动物，总与罪恶、黑暗势力联系在一起，如“as blind as a bat”“as crazy as a bat”等。这些文化内涵不同的词汇在跨文化交际中常常引起误解。因此，教师必须十分注意这些具有民族文化背景色彩的词汇，借助于词汇，让学生逐步熟悉民族文化的内涵，充分发挥语言交际工具的作用。

2. 指示意义相同，联想意义部分相同的词汇

在两种不同的文化中，这类词在某些方面会引起不同民族的共同联想，而在其他方面却会引起不同的联想。即某种事物或概念在一种语言中用一个词语来表达，而在另一种语言中可用多个词语来表达。

在英汉词语中，亲属词和颜色词最为明显。众所周知，汉民族是一个特别讲究长幼有序、尊卑有别的民族。长期的封建统治在国人的心灵上打下了重血缘、讲亲疏等烙印，使得舅父、姨夫、姑父、伯父、叔父之间泾渭分明，不可混用，

所以我们知道“uncle”不等于“叔叔”。同样，汉语中的伯母、婶母、姑妈、姨妈、舅妈等对女性长辈亲属的不同称谓，在英语中仅用“aunt”来表达。在汉语中，哥哥的妻子被称为“嫂”，嫂得名于叟，因为年纪稍长而得尊严之称，是从年龄、尊卑的角度看待嫂嫂，并据此给以名称。而英语的嫂嫂被写作 sister-in-law（法律上规定了的姐姐），则是以法律的眼光从婚姻的角度看待嫂嫂，并据此给以称谓。在有关颜色的词汇方面，汉语里的“青”可分别表示英语中的蓝、绿、黑三种颜色，例如青天（blue sky）、青布（black cloth）等。而英语中的 brown 在汉语中也有多种颜色表示，例如 brown coal（褐煤）、brown sugar（红糖）、brown bread（黑面包）等。

类似的还有“玫瑰”和“rose”，它们在中国文化和西方文化中都象征着爱情，但是在英语中 rose 还有其他的联想意义，比如“under the rose”中的“rose”象征着“秘密和沉默”，这反映了在西方会议桌上方悬挂玫瑰花意味着所有与会人员必须保守秘密的古老习惯。这一习惯又源于希腊神话：丘比特（Cupid）给了沉默之神哈伯克拉底（Harpocrates）一枝玫瑰花以防止他泄露维纳斯（Venus）的不检点行为。还有 post office 比我们的邮局功能更加齐全，在 post office 除了可以收寄邮件，还可以交水电费、领取养老金，甚至可以买巧克力、订生日蛋糕等。同样，service station 不只是服务站，restroom 也不仅仅是休息室。

3. 指示意义相同，在一种语言中有丰富的联想意义，在另一种语言中却没有的词汇由于受民族文化的影响，一个普通的词在一种语言中常有极其丰富的联想意义，而在另一种语言中就可能仅仅是一个语言符号。这类词往往会导致理解障碍，造成不必要的误解。

汉语里的一些词汇有着丰富的文化内涵，而在英语里却没有。例如，松树在中国文化中象征“长寿”与“骨气”，与竹、梅并称“岁寒三友”，而英语中的 pine 则没有这方面的联想意义，竹与梅亦是如此。英语里当然也有一些词汇具有丰富的联想意义而在汉语里是没有的。例如，文学家、诗人用 daffodil 来描写春天及春天带来的欢愉心情。英国诗人华兹华斯（Wordsworth）在 *I Wandered Lonely As a Cloud* 中就写道：“I wandered lonely as a cloud / That floats on high over vales and hills / When all at once I saw a crowd / A host，of golden daffodils / Beside the lake，beneath the trees / Fluttering and dancing in the breeze...”（我好似一朵孤独的流云，高高地飘游在山谷之上，突然我看见一大片鲜花，是金色的水仙遍地开放，它们开在湖畔，开在树下，它们随风嬉舞，随风飘荡……）这首诗中对 daffodil 的描写堪称最典型，而在汉语中 daffodil 就只是水仙花而已。

在中国传统文化中，“九”是表示最多、最高的大数，又因为“九”与“久”谐音，人们往往用“九”表示“长久”的意思。历代帝王都崇拜“九”，希望长治久安。因此，皇帝穿九龙袍，故宫房屋有 9999 间，每个门上的铜门钉也是横竖 9 颗，共有九九八十一颗门钉，取“重九”吉利之意。而在英语中，nine（九）

并没有特殊的内涵。西方人把“三”看成完美数字，他们认为世界由“三”组成：大地、海洋、天空；人体有三重性：肉体、心灵、精神；基督教主张三位一体：圣父、圣子、圣灵。

4. 各自文化中特有的词汇，即文化中的词汇缺项

语言的词汇系统总是依附于社会文化，历史长河中一个国家曾有过的文化个性都会在语言文字上留下不可磨灭的印记。由于中西国家在宗教信仰、自然环境、政治体系、经济发展水平、历史传统、价值取向等方面的差异，各个民族的文化中都有大量独属于该民族文化的特殊现象，这样就在另一文化中产生了“真空”地带，即文化“零对应性”，也就是汉英文化中的词汇缺项现象。中国北方农村常见的“炕”对多数英语国家的人来说，如不亲自尝试，是难以想象的。若翻译成英文，则必须给予适当的解释说明，类似的还有“冰糖葫芦”。又如汉语中的“阴阳”很难确切地译为英文，在英文里没有合适的对应词，这是因为中国的哲学思想或价值观念与西方不同。“阴阳”本源于中国古代道家的学说，他们认为世界万物都有阴阳两面，相生相克，互相转化。我们有时可以音译加解释说明翻译这类词语。例如，“老干妈”是一种随处可见的调味品，译成英文时可以这样处理：Laoganma，a Chili Sauce Brand from Guizhou Province of China；“辣条”可意译为“spicy sticks”。但是在汉语里，有些词汇音译或意译都无法把汉语的语义表达得完整贴切，以现代汉语中“气质”这个抽象词语为例，该词难以在英文里找到完全对应词，在翻译时需依语

境（context）来寻找英文在同样环境下对应的表达。形容一个人有气质，可以用elegance和class，elegance强调“高雅、典雅”，class强调“有格调、有品位”，也可以用这两个词的形容词：elegant和classy。如：

Be a girl with a mind，a woman with attitude and a lady with class. 要做一个有思想的女孩，有态度的女人，有气质的女士。

To be elegant means to be pleasingly graceful，stylish in appearance，and have good manners. 高雅的气质意味着外表上悦目的优雅和格调及良好的举止仪态。

形容男士风度翩翩、有气质，可以说debonair，如：

John Barymore is remembered both for his roles as a debonair leading man and for his interpretations of Shakespeare's *Richard* III and *Hamlet*. 约翰·巴里摩尔以风度翩翩的气质和莎士比亚的《理查三世》与《哈姆雷特》的精彩演绎著称。

领袖气质、领袖魅力可以说charisma；明星受欢迎、有人气也叫charisma。跟个性有关的气质可以用temperament、air、aura、disposition等。由此可见，“气质”不像苹果、西瓜、马克杯等在英文中可以具体找到完全的对应词，需要依靠具体的语境选择不同的英文词语去表达它的意思。同样，英语词汇中也存在着诸如motel（汽车旅馆）、hot dog（热狗）、time clock（打卡钟，备有记录员工上下班时间装置的钟）等词汇，在汉语中找不到对应词甚至近义词。此外，源于希腊神话的词汇，如Achilles ' heel（阿喀琉斯的脚后跟）、

Penelope's web（珀涅罗珀的织物）、Oedipus complex（俄狄浦斯情结）等。这样的词汇虽然被译成汉语，但不了解西方文化的人并不能确切知道它们到底是什么意思，因为这些词汇含有与英语国家的政治历史、宗教信仰、文化观念、风俗习惯和生产生活方式等方面的含义或附加意义。这些词汇的使用可以给英美文学作品的语言表达增加亮色，但是也会给我们的阅读和理解带来不同程度的障碍。我们只有在充分了解这些词汇背后的文化内涵后才能更好地进行英美文学阅读，更为精深地理解英美文学作品的文化形态。在课堂教学中，首先要让学生弄清缺项词语在两种语言中的真正文化内涵，其次可通过音译、直译或意译，在译文中加解释说明来处理词语空缺造成的交际障碍，从而使跨文化交际得以顺利进行。例如，上面所说“Achilles ' heel”的含义是“要害部位，致命的弱点”。Achilles 是希腊英雄，在他还是婴儿的时候，他的母亲海洋之神就捏着他的脚后跟在河水里浸泡，经过河水的洗礼，Achilles 拥有了一副刀枪不入的身体。这让他在战场上屡建奇功，但是因为他的脚后跟没有经过洗礼，在攻占特洛伊城的战役中，帕里斯一箭射中了他的脚后跟，让他战无不胜的神话破灭。这个具有特殊才能的人最终因为一个小小的弱点而付出了生命的代价。“手气好”的英文为“have the Midas touch”，此表达源自希腊神话。据说，神赐给一个叫 Midas 的人一种特殊的力量，他可点石成金。后来“the Midas touch”便被用来比作“有发财的运气或技能”；“说话兜圈子”的英文为“beat about the bush”；“心怀叵测”的英文为“have an ax to grind”，英语直译为“有一把斧子要磨”；“Penelope's web”的含义是“永远干不完的活”；“Oedipus complex”指心理学上的“恋母情结”。

有些英语词汇还反映了英国与其他民族，如与欧陆国家的民族冲突，尤其是英法“百年战争”更加深了两国之间的矛盾。如 French leave（不辞而别）、like a French（朝三暮四，反复无常）。同样，由于英国与荷兰争夺海上霸权由来已久，类似的习语也不乏其例，如 Dutch bargain（唯利是图）、Dutch courage（酒后之勇）、Dutch cheese（秃头）、I am a Dutch if I do（要是我干的，我就不是人）。像这类词的关联意义在汉语中是缺失的，教师可以通过专题的形式讲述。总之，文化是一个有着丰富内涵的综合体，它从物质到观念，从制度到个体，从习俗到心理，构成整个民族、社会，也包括语言所赖以生存的庞大的文化生态环境，文化的内涵会逐一体现在语言，尤其是词汇上。由此可见，对跨文化交际及跨文化交际研究来讲，认识和掌握词语的文化意蕴相当重要。

二、语法载体

语法是语言表达方式的小结，它揭示了连字成词、组词成句、句合成篇的基本规律。每一种语言都有其独特的语法体系，不同的语言使用不同的语法系统和规则来指导和评价该语言群体的语言使用。在语言内部的诸多差异中，语法最能体现语言的民族特点，因为语法是语言的组织规律，是本民族成员或语言社团成员共同遵守的语言习惯或约定俗成的规则。英语是一种具有严格语法规则的语言，汉语的语法则相对灵活。英语用的是有分支的句子模式，主语和谓语形成全句主轴，如有宾语和补语，可在主轴上延伸，定语及状语则以分支的形式，通过关联词语与主轴相连。汉语则依赖时间顺序，采用线性的句子模式。两种语言的差异与文化传统和思维方式有关。就汉语和英语句式而言，在语言学上最重要的一个区别是形合和意合的对比。1945 年，王力在《中国语法理论》[①] 一书中提出形合（hypotaxis）和意合（parataxis）两种基本的语言组织手段。形合就是依仗形式（包括词的变化形式、词汇衔接等）将语言符号由“散（个体的词）”到“集（词组乃至语篇）”的语言组织手段；而“意合”则是依仗意义，即内在的逻辑关系组织语言的手段。形合和意合是两种不同的句式安排，一般来说，前者注重形式上的衔接（cohesion），后者注重行文上的连贯（coherence）。形合的特点是形现意明、句连严谨、语序规范、意脉清晰；意合的特点是形隐意在、句连洒脱、语式顺适、意脉暗承。

1. 形合及语法型英语句子结构

英语是一种高度形式化和逻辑化的语言，之所以重形合，是因为其具有丰富的形式组合手段，譬如词缀、词形变化、指代词及表达各种关系的连接词等。它的形式化和逻辑化在句法中主要表现在形态变化、句法结构、标点符号等方面。句法结构严谨，并以动词为核心，重分析轻意合。重分析轻意合的英语句子的排列顺序是主谓宾（SVO）或主谓（SV）。英语句子以主谓结构为纲，前后勾连，复杂而不流散。除了很少出现的省略等特殊情况外，主语不可缺，因为它起到统领全句的作用，一些无主语的汉语句子如“下雪了”“事情发生了”翻译成

① 王力．中国语法理论 [M]. 北京：商务印书馆，1945.

英语句子时必须加上逻辑主语，这显然是一种形合法。英语形合还表现在形式形态对其语言有一定的显现力和约束力，要求句子的人称、数量、时态、语态、情态形式保持主谓前后一致的语法关系。英语句子对标点符号的要求也十分严格。句际、句内之间各因素也要用形式逻辑关系词连接，再加上丰富的形态变化，英语就成了一种表达意义十分精确，高度形式化的语言。也就是说，一个完整正确的英语句子必须同时包括语义和结构的完整性，即语义上能够独立表达完整意思的词组组合，又必须包括主语和谓语两个组成部分，主谓之间要保持人称和数等方面的形态一致，最后还要有标示结构完整与否的标点符号。

2. 意合及语义型汉语句子结构

汉语语法是一种注重语义的语法，汉语句子类型的划分只能从功能语义上出发，而不可以从形式出发。之所以称为句子，根本条件是句子具有表达功能而不是由于某种结构。汉语之所以重意合，主要在于其语言本身是表意文字，自古以来就有重“神”“意”的传统。汉语依仗意义即内在的逻辑关系组织语言，句子承接主题，顺势而下，句界模糊，行文倾向意合，结构松散，注重话题的承转。汉语句子结构在很多情况下以主谓（宾）顺序排列。但是它不像英语那样，整个句子以谓语动词为中心且必须包含主语，而是以词序或语义为中心，不管句子是否完备，标点符号在很大程度上是停顿的意思；它也不像英语那样，需要连接词等衔接手段。汉语重意合还表现在汉语句子的主语概念比较泛，它不像英语句子的主语必须由名词或名词性质的成分来担任，甚至有时只是一个“话题”而已，因此可以由任何语言成分充当，比如“计算机买了，打印机也买了。”

我们可以从下面经常出现在汉语中的“流水句”和英译文看出两种语言句法的文化差异。

必须采取措施，改善投资环境，切实制止对企业乱摊派、乱收费的错误做法。

Measures to improve investment environment must be taken，and，above all，to check improper practices，such as sharing extra expenses among foreign and joint enterprises and collecting unreasonable fees among them.

可以看出，原语组织松散，句与句之间没有任何连接标记；译语通过深入分析，将前两句视为后一句的目的，从而用一个表示目的的不定式短语实现并句，使译语形合化并符合语篇连贯性。

我们还可以从马致远的《天净沙·秋思》原文和英译文看出两种语言句法的文化差异。

枯藤老树昏鸦，

小桥流水人家，

古道西风瘦马。

夕阳西下，

断肠人在天涯。

我国著名诗词翻译家翁显良教授的英译文是：

Crows hovering over rugged old trees wreathed

with rtoten vine—the day is about done.

Yonder is a tiny bridge over a sparkling stream.

And on the far bank，a pretty little village，

But the traveler has to go on down this ancient road，the west wind moaning，

his bony horse groaning，trudging towards the sinking sun，

farther and farther away from home.①

从以上诗词比较可以看出，原文的语义含量要远远超过英译文，原文共有 5 句诗，28 个字，而译文却用了 63 个英语单词，添加了限定词、修饰语和关联词。这样的译文过度强调了英语句子的形合结构，违背了形合、意合四条的语用效应，即（1）文体特质效应；（2）主题烘托效应；（3）思绪彰显效应；（4）时代标志效应。

为了再现原诗全貌，他将英译文改进为：

Withered vines，old trees and dusk crows，

Tiny bridge，running water and household huts，

Ancient road，west wind and lanky horse.

The evening sun sinking in the west，

The gutted person is at earth end.

三、翻译载体

翻译是用一种语言把另一种语言所含有的思维内容准确而完整地重新表达出来的语言活动。语言是文化特殊的组成部分，是文化的基础，同时又反映文化的现实。不同的语言蕴含了不同的民族心理、民族文化。不同民族文化背景

① 翁显良 . 古诗英译［M］. 北京：北京出版社，1985.

不同，其语言在漫长的历史演进过程中形成了异彩纷呈的文化特色，导致不同民族语言之间的差异。这种差异既反映在语言的表达形式上，也反映在语言的内涵上。两种语言间翻译的过程就是跨文化交际的过程，大学英语教学中，若仅将翻译视为语言的转换，就使之成为无源之水、无本之木，甚至会产生文化误译。

（一）跨文化意识对大学英语翻译教学的意义

作为跨文化交际的手段，翻译在阐释、传递和构建文化价值观念的过程中发挥着不可替代的桥梁作用。同时，培养学生的跨文化意识对翻译教学有着至关重要的意义。

1. 培养跨文化意识有助于深化对原文的理解

翻译活动所经历的程序一般包括三个阶段：理解原文、表达译文、校验译文。其中，理解原文是表达的基础和前提。翻译中的理解不同于一般意义上的阅读理解，这种理解要求语言表层的理解，如词汇、句法、语篇结构等，同时也要求深层意义的理解，在很大程度上，后者是关键。如果缺乏跨文化意识，对原文的理解就会出现谬误，从而译文也会产生严重问题。

中西思维模式差异较大，汉语重整体、重统一，英语重客体、重事实。反映在语言结构上，汉语对主体和客体没有严格区分，主动语态呈显性；英语严格区分主客体，使用大量被动语态。如“鸡不吃了”，在不同的语境中有不同的理解，体现了汉语的意合。翻译成英语时，则不会产生歧义。因此，了解不同文化之间的差异，形成跨文化意识，对翻译过程中准确理解原文有着显著意义。

2. 培养跨文化意识有助于优化译文表达

翻译不是原语的词语和语句结构到目的语词语和语句结构的简单转换，也不是在目的语中寻找与原语对等的词语和语句结构，然后串接成句的过程。如果仅盯着原文语言层面，翻译出来的东西只是徒具其形，原文的内容和意义不可能得到很好的表达。

因而在翻译的表达阶段，首先应注意不同文化中语言形式的差异，按照译入语习惯进行调整。

例如：

It had been a fine, golden autumn, a lovely farewell to those who would lose their youth, and some of them their lives, before the leaves turned again in a peace time fall.

译文(1)：那是个天气晴朗、金黄可爱的秋天，对于那些在和平时期的秋天，树叶再度转黄之前，将要失去青春、有的要失去生命的人们是一个动人的送别。

译文(2)：那是个天气晴朗、金黄可爱的秋天，动人的秋色为那些青年送别。待到战后和平时期，黄叶纷飞的秋天再度来临时，当日的青年已经失去了青春，有的失去了生命。

译文（1）忽略了英汉两种语言结构上的差异，将英语的定语从句死译为汉语的定语，原文的名词结构也做作转换，导致译文定语过长、不中不洋，未能传递出原文优美、伤感的情调。译文（2）则意识到了文化差异，对译文的结构按照汉语习惯进行了调整，不仅忠实地传递了原文的意义，也恰如其分地描绘出原文的情调，不失为佳译。

由此可知，翻译教学中，加强对学生跨文化意识的培养，有助于学生对原文的理解，也有利于优化译文表达，能有效提高学生的翻译水平，避免文化误译。

（二）翻译教学中培养跨文化意识的内容

1. 地域和历史方面的跨文化教学

所谓地域文化就是指由所处地域、自然条件和地理环境所形成的文化现象，其表现就是不同民族对同一种现象或事物表达形式采用不同的言语。中国在地理环境上属于半封闭的大河大陆型，自古以来，人们生活和生产活动主要是依附在土地上。因此，汉语词汇和习语有许多都与“土”有关，如“土生土长、土洋并举、土特产”等。但在英译时它们都失去了“土地”一词的字面意思。倘若将“土”字不留余地地译出，就会让西方人感到莫名其妙。相反，英国是个岛国，四面环海，所以英语中与海洋渔业有关的表达俯拾皆是，但翻译成汉语时因为中国的地理环境需采用另外的表达法。例如，“all at sea”，字面意思为“全部在海上”，汉语翻译为“茫然不知所措”；“a small leak will sink a great ship”，字面意思为“小漏沉大船”，汉语翻译为“蝼蚁之穴能溃千里之堤”；“sink or swim”，字面意思为“是浮还是沉”，汉语翻译为“孤注一掷”；“spend money like water”，字面意思为“花钱如水”，汉语翻译为“挥金如土”。

历史文化是特定历史发展进程和社会遗产的沉淀所形成的文化，各民族的历史发展不同，因而各自都有含有特定的人物和事件的语词来体现本民族鲜明的历史文化色彩。例如，“to meet one's Waterloo”（遭遇滑铁卢）是源于 19 世纪拿破仑在比利时小城滑铁卢惨败一事；汉语中“败走麦城”是指古时三国的蜀国名将关羽被打败退兵麦城一事，两个语词分别来源于不同的历史事件，但喻义相同，都是指惨遭失败。因此，这类语词的翻译需要了解原语词所包含的民族文化与语言个性，充分理解语词所蕴含的独特的文化意味，尽可能结合原文的文化背景，保持原文的语言风格、语言形式及特色。

2. 宗教信仰方面的跨文化教学

宗教文化是人类文化的一个重要组成部分，它指的是由民族的宗教意识、宗教信仰所形成的文化，表现在不同的民族在崇尚、禁忌等方面的文化差异。对于中西宗教文化方面存在的差异，可以通过翻译进行跨文化教学。

中国文化博大精深，源远流长。儒、释、道对我国文化都有很大的影响，有道教的“玉帝”、佛教的“阎王”，还有神话中的“龙王”，人尽皆知。佛教对我国的文化影响之大体现在，很多成语就和佛教相关。例如，信仰基督教的国家对“和尚”这个概念比较陌生，对有关和尚的典故知之甚少。因此，要把“一个和尚挑水吃，两个和尚抬水吃，三个和尚没水吃”这个谚语声形并茂地译成英语并不是那么容易。如果只重传意，可采用套译法，即套用英语中现成的成语：“One boy is a boy；two boys are half a boy；three boys are nobody.”再看一个英语句子“He can be relied on. He eats no fish.”这里的英语短语“to eat no fish”出自一个宗教典故，指的是英国伊丽莎白女王一世在位时代，基督教教徒为了表示对政府的忠诚，拒绝遵守反政府的罗马天主教徒在星期五只吃鱼的习俗。因此，“to eat no fish”（不吃鱼）是表示“忠诚”的意思。故本句可译为：“他非常忠诚，值得信赖。”

3. 思维方式和价值观方面的跨文化教学

不同的思维方式决定了各个民族按照各自不同的方式创造不同的文化，而这种不同必然要通过文化的载体——语言得以表达。英语民族的思维是个体的、独特的，而中国人注重整体、综合、概括思维。表现在语言上，英语用词偏好具体细腻，而汉语用词概括模糊。例如“说”一词，英语有“say”“speak”“tell”等，这些词可以表达不同情况下“说”的意思。这样使语言简洁准确，又富于变化，形象生动。而汉语往往趋向于泛指，在“说”前加副词修饰语，如“语无伦次地说”“嘟嘟囔囔地说”。

价值观指人的意识形态、伦理道德、宗教信仰及风俗人情等为人处世准则的观念。一般认为是特定文化和生活方式的核心，表现在两种语言中，会对语言理解和翻译造成很多障碍，足以引起翻译工作者的重视。中国人认为个人是“沧海一粟”，微不足道，推崇社团和集体价值，强调社会群体的统一和认同，是一种社团价值至上的价值取向。而西方文化则是个人价值至上，它推崇个人主义，强调个人的存在价值，崇拜个人奋斗。如果将前文提到过的“individualism”与汉语中的“个人主义”相提并论，价值观的差异尤为明显。在西方，该词指的是“独立自主”的个人品质，人们把自己看成是单独的个体，凡事都从个人利益出发，以个人为中心，体现个人价值。他们相信天道酬勤（God helps those who help themselves），主张独立自强，喜欢个人竞争，强调平等和权利。而汉文化里面的“个人主义”是与“集体主义”相对的贬义词，它是指一切从个人出发，把个人利益放在集体利益之上，只顾自己，不顾他人的错误思想。

四、写作载体

语言与文化密不可分。语言的结构、交际模式、篇章修辞原则等无不在很大程度上受到文化观念的影响制约。写作是语言的主要载体，也是文化的表现形式。不管是大学英语 A、B 级还是全国大学英语四、六级考试，都要考查学生的英语写作，而写作是学生英语能力的直接表现，最能反映学生的英语综合运用能力，应该受到大学师生的重视。文化在写作的各个层次（书写、造句、写段落、作文章），多种体裁（记叙文、说明文、议论文等）和多种题材（政论文、广告语、推荐信、研究论文等）等方面都表现出一定的文化特征。通过英语写作，可以培养学生的文化意识，提高跨文化交际能力。

（一）基于英语句子结构的跨文化教学

中国学生所犯的某些被动语态错误，其实是其应用“主题 + 述题”结构的结果，受汉语影响所致。汉语是一种注重主题的语言，句子的基本结构不是“主语 + 谓语”，而主要体现为主题与述题的关系。主题总是位于句首，是说话人想要说明的对象，述题紧接主题，是对主题的具体阐述；汉语中，主语往往不是至关重要的，常可省略而不影响话语的语义解释。如“电影（你）去不去看”，其中“电影”为主题，其余部分为述题，主语“你”被省略。中国学生所写英语句子套用了汉语的“主题 + 述题”结构。例如：

（1）Chiang's food（he）must make（it）in the kitchen of the restaurant，but Marty's food（he）could make（it）in his house. Chiang's food 和 Marty's food 是主题，与谓语 must make 和 could make 实际并不存在主谓关系，因为 must make 与 could make 的真正主语与其宾语通过上下文提供的背景已经很明了，所以就被省略了。

此外，德国科学家沙赫特和罗瑟福德还发现，在中国学生的作文中，“there be”在句中出现的频率比来自其他国家的英语学习者高，其中不乏错误使用，例如：

（2）There were many patriots in my country gathered together and established a new country.

（3）There is a motto said that there is a golden house in the book.

例（2）和例（3）错误的产生在于注重主题的语言对主题的限制，即主题必须是确定或已知的，如主题不确定或为非已知信息，在汉语中，“有”就被用来引出主题，如“有谣言说我们的教授要走了”。中国学生在碰到类似情况时，就自然用英语的“有”——“there be”来代替了。

中国学生英语句子结构反映出的“主题 + 述题”的特点确实在一定程度上反映出汉语的影响，但从更深层次说，中国学生倾向于使用主题结构，不管是在汉语中，还是在英语中，这都是中国传统整体思维模式的反映。以“这棵树的叶子很大”为例，西方人在观察和处理事务时，习惯于从个体入手，从个体到整体。所以，“这棵树的叶子很大”的英语表达是“The leaves on the tree are big"。讲话人先提到的是 the leaves，然后才是 the tree。这是一个从微观到宏观，从小到大，从具体到一般的过程，是西方人部分优先的思维特点的反映。

中国人整体优先的思维方式强调整体概念，也使语句的意义高度依靠上下文关系，突出句子在篇章中与上下文或语境的联系，从而施事主体（主语）可以蕴含在行为事件的主观表现中而不被视为句子构造的主要成分，以致常被省略。中国学生用英语写作时，仍是以整体思维去构筑英语句子，就产生了许多英语语法所不能认同的"主题 + 述题"结构。

（二）基于英语句子类型

西方文化注重线性的因果式思维，英语句子组织严密，层次井然有序，其句法功能一目了然。比如，If winter comes，can spring be far behind？一见到连词 if，两句间逻辑关系便了然了。而中国文化偏重直觉和整体式思维，较少地使用连接手段，句子看上去显得松散，句子间的逻辑联系从外表不易看出。中国学生虽已学习英语多年，仍然喜欢写简单句。虽然写简单句本身不是问题，但学生在存在逻辑关系的句子中，常常未能用一些连接语恰当地把这些句子连接起来，而对于某些句子来说，这些连接语是必不可少的。例如：

（4）You can talk with students，play with them and teach them knowledge. You can get a lot of happiness.

该句中，两个简单句其实在意义上有一定的关联，即教师的快乐来自与学生的交流、相处。这句话可作如下修改：You can talk with students，play with them and teach them knowledge，from which you can get a lot of happiness.

另外，中国学生用逗号连接句子非常普遍。

（5）Second，teaching is a challenge for you，you should catch up with the latest information so that you can always qualify yourself for the career.

这种句子在英语中属病句，但相应的汉语译文却是可以理解且正确的。中国学生英语作文中像这样未用适当连接词的句子还很多，这在一定程度上被认为是受汉语意合的特点干扰所致。

一方面，中国哲学、艺术和语言注重的是心理时空，尤其偏重时间的逻辑事理性，即使是空间，也常常表现为流动的空间。因此，中国人在用语言表达一些较复杂的思想时，往往按照动作发生的顺序或逻辑顺序逐步交代，从而形成一种“流水句”式的时间型样态。例（4）中，教师得到快乐是果，与学生交流、相处是因，按因在前、果在后的逻辑顺序排列而不用任何连接词。另一方面，中国人重理解不重形式论证，强调直觉、普遍联系，轻视分析，这种思维方式也必然使中国人倾向于将语句的语意、语境、修辞、逻辑等都融为一体，所以在例（5）中，从教与不断学习、充实、挑战自己之间的必然关系已蕴含在上下文中，明确表达这一关系的词，如 for，就被省略了。

中国学生按照中国人的思维习惯来塑造英语语句，从而丢弃了许多在他们看来并不影响意义表达的连接词。西方民族从古希腊开始就注重形式逻辑、抽象思维。人们用清晰的几何学方法来认识自然，从理解到表达都渗透着理性因素。这些表现在英语句式上，就是以限定动词为中心，以主谓结构为主干，通过大量反映形式关系的动词不定式、分词、介词、连词、关系代（副）词等把句子其他各个成分层层搭架，形成由中心向外扩展的“空间型构造”。通过文化教学，避免学生写出中式英语语句，也就不会因缺少了显示语际关系、主次先后的连接词标记，而让重分析、重逻辑的西方人无法理解和接受了。

（三）基于英语篇章组织

“主题句是段落最重要的句子，主要用来表明段落或章节的中心思想，通常出现在段首位置，尤其是说明性的文章。”[①] 西方人非常注重主题句的明确设定，并通常把它置于段首，这是由他们以自我为中心的文化思维方式所决定的。以自我为中心的文化强调个体的独立和主体的作用，突出主观见解，强调主观对客观的判断和态度。所以，主题句作为反映主体（作者）鲜明观点的句子，被放在段首这一显要的位置上。据上海交通大学外国语学院英语系教授毛荣贵（1997）对美版 *Reader's Digest*（《读者文摘》）和 *Time*（《时代》周刊）两种期刊 100 篇短文所做的调查，其中仅有 2 篇主题句较为模糊，而 68 篇的主题句均被置于文 / 段首，其余 30 篇已经将段落的主题句升格为小标题。[②] 但是，汉民族文化以群体观念为特征，不突出主体，注重的是主客体之间相互适应与和谐统一的关系。所以中国学生在写作时，经常忽视主题句的设定及其句首位置，很少明确表达自己的观点，而是期待读者通过对段落或篇章的整体把握去理解作者的意图。以《中国大学生英语作文评改》[③] 中 *English Corner* 一文为例，该文主要写了作者在一次去英语角的经历中，从一位爱自夸的朋友那里受到了英语学习方法的启发。这篇习作以对事件的描述开头：

① 陶晓莉 . 大学英语跨文化教学实践探索研究 [M]. 北京：华文出版社 , 2021.
② 毛荣贵 . 英语人生 [M]. 上海：上海社会科学院出版社 , 2004.
③ 毛荣贵 . 中国大学生英语作文评改 [M]. 上海：上海交通大学出版社， 1997.

It was a Monday evening. Linsay，a freshman，came to my dormitory and asked me if I could go with him to practise spoken English at the English Corner. I agreed with pleasure.

这样的开头，从一个中国教师的视角来看，清楚而自然。然而美国的圣地亚哥大学教授多琳（Dorine）却认为，如果换一个以英语为母语的人来写这篇文章，他会在文章一开头就以主题句的形式把文章的主旨点出来。他会说：

I learned from Linsay，a freshman，that even people who irritate us with their braggadocio can offer us valuable insights. One Monday evening he came to my dormitory and asked me...

美国教授改的这个版本（第二个例句）相对于第一个例句，点出了主旨内容，第一个例句只有事实的描述，没有涉及本段英语的主旨。

以上两种开头正是中西以群体为中心与以自我为中心的文化思维方式差异的写照。英语的段落结构其实也是英语文章结构的缩影。中国学生在英语篇章的组织与发展上也犯了与写作英语段落类似的错误。如：

Why Is English Important to Scientists?

We live in a world where science and technology are developing very quickly. The development of science requires scientists from all over the world to exchange their work more and more frequently. However，the scientists who are from different countries usually speak different languages. If there isn't a common language that can be understood by everybody，they won't understand each other. On the other hand， we wish to know what others are doing and what experience and knowledge and things we should learn to improve our work，so we must master foreign languages. However，there are countless languages in the world，and we can't learn all of them.

Fortunately，there is one kind of language that is commonly used all over the world，English. Most of the scientists of the world can speak and read and write English，most of the important academic journals are written in English. If we master English，we can go to any corner of the world to communicate with the people without knowing their mother language. We can say we are holding one of the very powerful weapons of studying science.

这篇作文全文共10句，近200个单词。前4句说明了科技在飞速发展，提出了第一个问题——各国科学家需要一种共同的语言来进行交流。但是此问题作者未加以解决，又立即用“On the other hand”，提出了第二个问题——我们需要了解国外情况。紧接着，“However”又引出了第三个问题——世界上语言太多了。有趣的是，行文至此，“English”这个词还未出现。直到这篇作文第7句的末尾，“英语”这个主题才被触及，而此时，文章已经接近了尾声。这篇作文的结构与一般汉语文章的结构相似。

中国人读这篇作文会觉得条理清楚、说理充分、全面而公正。但是如果让西方人来看，他们就会对此作文大皱眉头了。因为在他们看来，这篇文章的逻辑性不强，中心论点也不明确。西方人把自然看成是与人对立的一个外在异己力量，强调人对自然的征服。这种对立思维使西方人力主向外探求，把人类活动当作一个主动去发现答案或解决问题的过程，以揭示自然之本质规律为己任，从而养成了理性思考、逻辑思辨的习惯。所以他们的文章逻辑性极强，多先直截了当地表明自己的看法，再层层深入、层层剖析，最后得出一个强有力的结论。而这篇作文很明显与西方人的期望甚远，因为它不仅未在文章的开头点明主题，甚至连“英语”这个词也是在文章进行了大半后才出现。它所采取的围绕主题绕圈子的写法会让西方人觉得非常别扭，认为这是一种多余的拐弯抹角。更有甚者，会觉得这样的文章没有开头，观点杂乱，没有结尾，不知所云。

《中国大学生英语作文评改》一书收录的 100 篇英语习作中，约 30% 的作文在主题句问题上被美国教授修改。呈隐伏型思维模式（围绕主题绕圈子的写法）的中国学生英语作文约占他们调查总数的 66.11%。

因此，在英语写作教学中，教师不应只关注学生的语法错误或单纯教授英语句法、篇章结构的特点，而应把英语写作这一文化行为置于跨文化交流的背景中，通过对比中国与西方不同的文化传统、思维模式及由此形成的不同语言特色，加强对学生的写作指导。只有这样，才能真正有效地提高中国学生对文化差异的敏感度，增强他们的跨文化意识，帮助他们逐渐转换思维模式。

五、阅读载体

现在英语教材选材广泛，多半为讲英语国家的人所写，里面所涉及的各类与政治、经济、历史、宗教、教育、风土人情有关的知识也是文化交流的主要内容，为学生了解外部世界提供了生动鲜明的材料。英语阅读教学在大学英语教学中所占的比重最大，因此在阅读教学中，我们不但要让学生把握文章的内容主旨，学习语言知识，提高语言技能，还要引导学生随时随地挖掘其中的文化信息，让学生在习得语言的同时，获得跨文化教育，拓宽学生的文化视野。在掌握了一定的语言基础知识之后，应当以泛读的方式大量接触英语文学作品，通过阅读这些具有真实文化语境的语篇，学生能够了解西方的思维方式、价值观念、审美取向、历史文化背景等。教师也可以对学生进行较高层次的指导，通过对作品的时代背景及主要人物做本质性的分析，使学生准确地把握作品内容，增长对所学语言国社会、历史、价值观念等的认识，从而提高实际的跨文化交际能力。

首先，在大学英语阅读教学中，教师可以借助多种渠道对文化背景知识进行循序渐进的介绍，从而使学生从多角度、多方面了解和掌握英语国家的相关文化知识。例如，在学习《新视野大学英语》第二册第三单元 *Marriage Across Nations* 这篇课文的过程中，教师可以向学生介绍的相关文化背景知识有：美国黑人的社会地位及 20 世纪 60 年代黑人的解放运动，以及与此相关的、学生们比较熟知的著名演讲 *I Have a Dream*，结合这些背景知识，学生们可以更好地理解课文。课后，还可以进一步引导学生们讨论跨国婚姻的问题，这样可以加深学生们对课文的理解。

其次，教师可以在讲授语言知识的时候，向学生进行英语文化导入，并适当进行文化对比。在传统的英语阅读教学中，很多教师往往先讲解词汇，再分析课文。阅读教学只关注字面含义及语法知识，不太重视词汇和文章所蕴含的深层次文化内涵，学生的阅读理解也受到限制。因此，在大学英语阅读教学中，教师可以采用现代化教学手段，如幻灯片、录像、电视等直观展示外国文化情景，这样学生既能听到声音，又能看到使用语言的真实环境。在阅读中涉及文化差异时，可以用对比法进行教学。如节日、食品、习俗等，从而加深对英语国家文化背景的理解。比如在词汇层面，同一个词在文化背景不同的人的头脑中反映出的意象和联想是不同的。再如节日，中国春节和西方圣诞节。教师不仅可以介绍圣诞节前的准备活动，也可以介绍圣诞节中的庆祝内容、圣诞老人和圣诞精神，并将这两个重大的节日进行比较。师生间的活动可以通过表格呈现，以提问回答的形式进行。

圣诞节相关问题：

Do people send cards or give presents at Christmas？

What do people eat during Christmas？

How many special foods do you know during Christmas？

春节相关问题：

What do we usually do during the Spring Festival？

What do we usually eat during the Chinese Spring Festival？

What do we get from our parents or other relatives？

活动结束后可要求学生写出春节和圣诞节的异同。相似之处如“They are both great holidays，and all the family members get together to enjoy a big dinner.”

等；不同之处如“Parents and some relatives give pocket money to their kids in China；while in western countries，children often get presents from Father Christmas.”等。

把西方的传统节日与中国的传统节日进行比较，一方面可以使课堂教学生动活泼，加深学生对课文内容的理解；另一方面能使学生体会不同文化的差异，提高学生的学习兴趣和教学效果。对中国学生来讲，英语文化意识不可能自然掌握和熟练运用，要靠教师通过各种方法直接或间接地培养。

另外，结合课堂阅读的内容，组织学生模拟情景教学，让学生以小组为单位，设计丰富多彩的课堂交流活动，如头脑风暴、角色扮演、快速抢答、专题辩论等。教师还可以组织训练口头表达能力的活动，如报告、演讲、课文复述和讨论等，加深学生对文章的理解，培养学生对语言的活学活用能力。在阅读教学之后，还可以让学生结合自己的学习和生活，写一些感兴趣的话题，鼓励学生勇于表达自我。启发学生注意各种文化差异，增强跨文化领悟能力。

六、听力教学载体

文化背景知识的学习对于提高听力理解能力，培养学生的跨文化交际意识，提高学生对西方文化的理解能力均具有非常重要的作用。学生若对西方文化知识缺乏理解，缺少一定相关学科背景知识，仅用汉语的思维逻辑去判断听力材料，就不能很好地理解英语语言，听力水平自然难以提高，更谈不上很好地应用英语语言。

听力课教学对于学生跨文化交际能力的提高有三方面的无可替代的优势。

其一，听力课上多媒体及计算机的应用为学生的学习提供了先进的技术支持。这些设备使得教师能够根据自己的教学要求灵活选取不同的教学材料。无论是听力材料还是图片、录像、电影资料，只要教学需要都可以在课堂上通过现代技术设备展现给学生。这就使得教师有条件根据自己的教学要求选取教学材料来充实课堂教学内容。其二，大量的网络资源、课件、文化类的视频都可以根据教学的需要随时展现在课堂上，让学生大信息量全方位地接触到所学语言的相关信息。目前面对某一文化方面的教学内容，教师能够很轻松地在网上或图书资料上找到相关的教学材料，并可以以任何形式展现给学生。大量的网络资源和视频为教师提供了丰富的教学内容，使得教师在教学过程中可以随时随地选取有关的教学材料。其三，教师可根据自己的教学需要设计相关的教学内容，并提供相关的背景知识以帮助学生提高文化意识及文化敏感度，有效地提高学生的跨文化交际能力。例如，在给学生播放有关食物的材料时，教师可以顺便介绍西方的餐桌礼仪和一些简单的社交技巧。在介绍西方的节日时，教师可采用生动的视频材料来介绍这些节日的起源、所包含的价值观和文化特质及由这些节日带来的一些文化禁忌等。

从以上的论述我们可以看出，英语听力课上学生跨文化交际能力的培养既有理论上的可行性，又有技术上的可操作性。在多媒体网络环境中，教师应充分考虑学生身心发展的个别差异性，根据学生不同的经验背景和学习水平设计教学活动，指导学生在原有认知水平的基础上进一步加深对材料主题的理解和把握。教师应指导学生从各种丰富的教学资源中获取有价值的信息，在学生的头脑中建立一定的图式结构，加深学生对听力材料的理解，并在听力过程中做出合理的预测。当然，学生跨文化交际能力的培养是一个长期复杂的过程，我们不能仅仅期望通过听力课这一个课型提高学生这方面的能力。

英语听力教学中加强文化差异教学的途径。

1. 结合词语强化文化认知，加强文化差异教学

文化信息主要是通过词语（词汇和短语）传递的，词语是文化的重要载体，各种文化特征都能在特定语言的词汇中找到痕迹。如猴子在中国人的心目中有着精灵、聪慧的形象，美猴王孙悟空是家喻户晓的英雄形象。而在西方文化中，“猴”常是一种带有贬义的称呼，代表祸害、狡诈，文化形象和汉语截然相反。所以在日常的词汇教学中，要强化文化认知意识，不仅要教学生和汉语对应的词义，更应该把相应的文化含义告诉学生。

2. 结合日常对话加深文化认知，加强文化差异教学

和汉语对话一样，英语语言中的对话是丰富、生动而灵活的。丰富的与语言交际有关的文化内容很容易在听力材料中找到，而这方面的内容十分重要，往往是通往文化认知的捷径。因为它们与人们的交际场合、人际关系、礼仪习俗、价值观念等有着密切的关系，也最容易引起跨文化交际的误解，弄清了这些差异，对文化的认知就事半功倍了。上听力课时，教师可以通过两种不同文化在不同场合的运用来进行差异对比。比如，道谢与答谢、招呼与问候、恭维与称赞、敬语与谦辞、禁忌和委婉及称谓等，使学生在交际中运用语言更加得体，

避免语用失误，同时明显能提高听力理解的效率。另外，培养学生在听录音材料时自觉学习文化的习惯。例如这样一段对话：Husband：“Darling，where is the coat？”Wife：“In the cabin.”Husband：“Thank you very much！”这是发生在一对美国夫妻之间的对话，教师应适时讲解西方的文化。在英国、美国等国家，人们相互道谢是一种经常性的情况，像上下级之间、长辈晚辈之间、同事之间，甚至夫妇之间，在接受服务时更是如此。这些都要在教学中给学生讲解出来，使学生通过日积月累，不断加深对文化差异的认知，从而减少因文化差异而造成的误解。

3. 结合文化背景加深文化认知，加强文化差异教学

对一些涉及民族的政治、经济、法律、教育、文艺等问题的专题材料，教师可以借此机会分专题向学生介绍、讲解，或在课前让学生查阅相关资料。这种做法不但可以帮助学生克服听力理解上的障碍，而且在听到材料的同时巩固他们课前所了解的知识，加深印象，加强文化认知。如当学到介绍美国黑人民权运动领导人的事迹的听力材料“*Who Was He*？”时，教师应该在课前布置作业，让学生查找并阅读有关美国20世纪60年代民权运动的资料，并搜集有关马丁·路德·金（Martin Luther King）的事迹。这些活动能帮助学生更好地听懂这篇文章，并扩充学生的知识面。另外，通过影片也可以展现异国的各种文化，例如风靡一时的美国电视剧《越狱》，剧中反映了美国林林总总的社会现象、人民的生活观念、价值取向等。随着学生文化差异认知的加深，他们自然能排除听力材

料中涉及非语言因素的文化干扰，从而大大提高听力理解的准确率。

英汉语言文化差异是由语言的民族性决定的，中西文化差异是客观存在的。因此，我们在进行听、说、读、写时，都会受到文化差异的影响。教学实践证明：听力学习者对说话者意图理解的多少与深浅，不但取决于听话者的基本语言水平的高低，而且取决于听话者对话语所涉及的社会文化知识掌握的多少。教师在听力教学中既要重视影响听力理解的诸多因素，更要加强文化认知差异的教学，这对教师拓宽教学思路、提高学生听力理解的能力和提高听力课堂的教学效率都至关重要。

七、口语教学

在英语口语教学过程中，可以将文化教学寓于语言教学中，增强学生对异域文化的感知，提高他们的文化比较鉴别能力，提升他们的文化素质，实现得体地进行语言交际的目的，从而培养和造就面向世界、对异国文化有深刻理解力的人才。

美国普林斯顿大学教授莱因哈特（Reinhart）认为，连贯的话语应该具备三个特征：连续性、一致性和相关性。所谓相关性，即每一个句子都必须既与所在的话语话题相关，又与话语的上下文相关。这就需要表达者具备一定的跨文化语用意识。二语习得也有一个很重要的理论，即英国曼彻斯特大学施密特（Schmitt）博士的注意假设，其充分强调了意识在二语习得中的重要性。语言学家哈金森（Huchinson）和瓦特斯（Waters）也认为，语言学习必须通过大脑的观察、组织和对信息的储存。所以，在英语口语学习过程中，培养学生的跨文化交际语用意识是非常重要也是必要的。

首先，在英语口语教学过程中，可以通过多途径帮助学生了解英语语言国家的文化，如充分发挥互联网集图、文、声于一体的功能，还有 VOA（Voice of America，美国之声）、BBC（British Broadcasting Corporation，英国广播公司）、可可英语、走遍美国等学习资源，让学生多听、多读、多说、多看地道的英语，并在大脑里储存一定的文化信息，潜移默化地丰富学生的文化语言知识，加强学生对西方文化的敏感性，让学生明白跨文化交际语用意识的重要性，以自觉地培养训练这种意识。

其次，英语口语反映出了活动主体的价值观、宗教、信仰、观念态度等文化，在教学中训练学生恰当得体地进行口语交际，必然要求学生注意不同国家的社交礼仪等文化因素，从而逐渐提高学生的交际能力。

传统的英语口语教学模式通常是：首先由教师提供一个语境，其次让学生分小组讨论或进行演讲，最后教师做总结性发言。由此带来了一些弊端：第一，没有充分发挥学生的积极性和主动性，课堂气氛沉闷。第二，不利于训练学生的思维，学生不知在特定语境下如何进行推理、如何组织观点、如何运用非语言因素增强感染力和说服力。所以，作为课程设计和安排者的教师有必要在英语口语教学过程中，提供模拟情景，创新教学方法，以提高课堂教学的效率。比较适合的教学模式有案例教学法和多媒体教学法。案例教学法开创了从学习词汇和句子上升为从分析篇章整体意义入手进行教学的局面，并立足于语言的实际运用。将案例教学法运用在英语口语课堂教学过程中，能弥补学生文化知识的缺失，缩小教学与实际生活的差距，对培养学生的思维和跨文化交际能力有很大的实用价值。而多媒体教学法融视、听、说为一体，通过短片、视频资料辅助教学，给学生耳目一新的感觉，让学生比较直观地了解欧美国家的文化，理解词汇的使用背景，从而提高学生对西方文化的感知能力和语言实际运用能力。

为了培养学生的跨文化意识，提高学生的跨文化交际能力，可以采取以下一些方法与措施。

第一，采用英语国家原版教材，通过原汁原味的英语语言，学习英语国家的思维习惯、风土人情。

第二，模拟情景操练，提供交际场所，使学生掌握日常交际用语及特定领域常用语言，如介绍、问候、感谢、告别、商务沟通、学术探讨等。

第三，利用现代化教学课程资源，向学生推荐听力材料、学习软件，或观看英语电影，广泛涉猎英语语言文化。

第四，组织课外活动，如英语社团活动、开展演讲、辩论等，提供练习口语的机会。

第四节 以文学教学为依托的英语文化教学研究

随着全球化的不断深入，英语作为一种国际通用语言，更是文化交流的桥梁。在英语教学中，单纯地教授语法和词汇已不能满足现代教育的需求，更深层次地理解和融入英语文化成为教学的新趋势。其中，以文学教学为依托的英语文化教学研究，正逐渐受到教育界的关注。

一、英美文学名著教学的实施

除要重视英美名著教学的功能和作用以外，还要采用行之有效的教学方法来优化大学英语文学教学。

（一）挖掘现有教材

大学英语教材中的许多课文本身不是真正意义上的文学作品，教师可以引用或间接提及一些伟大作家的作品或一些重要的思想观念。借此机会，教师亦可以介绍一些相关的文学知识。例如，《大学英语 · 精读教程》第二册第五课中有一句话：In the 23 years of our friendship，I never saw him show jealousy，vanity，bitterness，anger，resentment or personal ambition. 如果学生对圣经或者基督教缺乏基本的了解，就会对这些名词的排列顺序不明所以。事实上，这 6 个名词暗指基督教的七宗罪（Deadly sins），这里教师可以进一步拓展举例，如《李尔王》中李尔王的怒、《麦克白》中麦克白的傲等。

（二）选择经典名篇

目前的大学英语教材中英语文学作品内容比较缺乏，教师可以选用希腊罗马神话等经典名篇作为补充。学生通过接触风格迥异的文学文本，探索作者独特的文学写作风格。学生一旦具备洞察语言的共质和变质能力，便可以领略莎士比亚悲剧的崇高、爱默生散文的哲理、华兹华斯诗歌的抒情、海明威小说的简洁、萧伯纳戏剧的幽默以及乔伊斯意识流的辐射力量。

（三）提供背景知识

文学作品都是在一定的背景下产生的。讲授英美文学作品时应该尽可能多地为学生提供背景知识，包括作家的重要生活经历，作品产生的社会背景，与作品有关的历史、地理、风土人情以及与作品主题和风格类似的其他作品等。这样容易激发学生的学习热情。

（四）激发审美意识

英语是世界上最优美、最丰富的语言之一，如英国戏剧大师莎士比亚和美国短篇小说之王马克·吐温等都用英文写下了不少的传世佳作。教师要引导学生欣赏英语文学名著，感受英语语言的魅力，品味作品的艺术形象，使学生获得对美的感知，全身心进入审美意境。英语文学作品中的典型形象是形成作品魅力的重要因素。许多英语文学典型形象已经成为具有特定意义的符号，如哈姆雷特代表优柔寡断、基督山伯爵代表复仇等。熟悉品味这些形象有利于学生形成形象性思维，提高审美感受能力。

（五）创造语言情境

大学英语课堂有别于目标语环境，创造真实的语言情景至关重要。而文学文本恰恰提供了可能产生自然语言的关于事件、情景和人物的上下文。尽管这些事件和情景并不真实地存在，但课堂教学可以通过相应的途径加以弥补，如通过对事件的谈论、情景的设想、角色的扮演等使学生有身临其境之感。

（六）利用网络信息

教育部《大学英语课程教学要求》（2007 年）的一大特点就是提出了大学英语教学要充分利用多媒体、网络技术发展带来的契机，采用新的教学模式改进原来以教师讲授为主的单一的课堂模式。教师如何引导学生充分利用现代化工具获取知识，让网络信息为教学服务，这也成为优化大学英语名著教学不容忽视的重要方面。

合理实施文学教学，教学质量、教学水平以及语言环境和语言氛围就会得到大大改善，学生也可获得语言实践能力和文学能力的双发展。

二、英美文学名著教学实例

语言与文化之间始终存在着密不可分的关系。不了解语言当中的社会文化，就无法真正掌握语言。语言学习不是一个孤立的过程。既要学习语言的交际功能，也要了解和学习语言的承载功能，因为语言不仅是一种社会现象，也是一种文化现象。

人名作为人类特有的社会现象，与其他语言现象一样，同复杂的社会、文化有着广泛而深刻的联系。不同的人名蕴含着不同的文化，是所属文化系统的载体和镜像，在文化积淀和传承过程中起着重要的作用。英美文学史上有一大批文学巨匠创作了许多不朽佳作，其主人公的名字家喻户晓，作品寓意深刻、内涵丰富。

（一）英美文学作品中的人名寓意方式

在英语姓名中，姓氏主要是由上辈传承下来的，具有恒定性、不可选择性，但是名字则不同。如果不是某个名字有特殊含义，便是它与取名者感兴趣的事物有某种联系，或者出于某种特殊的缘由。在文学作品中，作者往往仔细推敲，精心慎重地为其主人公命名，通过名字寓意揭示人物的性格，预示人物的命运和结局。

运用作品主人公的名字直接寓意在英美文学作品中极为常见。17 世纪，英国典型的清教徒文学大师班扬（John Bunyan）在《天路历程》（*The Pilgrim's Progress*）中塑造了 Christian（基督徒）、Mr.Worldly Wiseman（世间智者先生）、Pliable（易变）、Faithful（忠诚）、Hopeful（希望）、Giant Despair（大绝望）、Mercy（仁慈）、Talkative（健谈）、Mrs.Timorous（畏怯夫人）等一系列人物。这些名字都直接地表达了人物特征和性格，读者从他们的命名上就可知他们的智与愚、勇与怯、善与恶、忠与奸，对人物形象产生诸多联想。

运用谐音寓意为人物命名在英美文学作品中也非常普遍。英国作家乔叟（Geoffrey Chaucer）在《坎特伯雷故事集》（*The Canterbury Tales*）中将女修道院院长命名为 Eglantyne，与 eglantine（野玫瑰）谐音而且形近，影射女尼的风流妖媚。这种手法在美国著名作家司各特 · 菲茨杰拉德（F.Scott.Fitzgerald:

1896—1940）的小说《了不起的盖茨比》（*The Great Gatsby*）中也有体现。The Great Gatsby 谐音 The great gets by（意为 The great American dream passes by），作者通过对主人公人名的寓意暗示了美国梦的破灭，揭示了作品的主题。

洛夫莱斯（Lovelace）是英国 18 世纪著名小说家萨缪尔·理查逊（Samuel Richardson）所著的传世杰作《克拉丽莎·哈洛》（*Clarissa Harlowe*）中的一个角色。小说主人公克拉丽莎（Clarissa）出身名门，心地纯洁，品德高尚。她不满封建家庭的约束，抗婚出逃，落入放荡的情人洛夫莱斯的圈套，身心备受折磨，最后蒙羞含恨死去。洛夫莱斯帮助克拉丽莎出逃并非出于爱情，而是为了满足自己的私欲。他的名字叫 Lovelace，正好与 loveless（没有爱情）谐音。

（二）英美文学作品中的人名文化蕴意

在许多英美文学作品中，主人公的名字都被作者赋予一定的含义。这种象征手法俯拾即是。莎士比亚的《温莎的风流娘儿们》一书中的 Falstaff（福斯塔夫）意为“false”（虚伪）。英国作家萨克雷的《名利场》中有两个人物：一个取名为 Sharp（夏泼），意为“尖刻”，其性格同名字一样，是一个有着尖刻性格、既奸诈又自私的人物；另一个叫 Amelia（艾米丽娅），意为“勤劳”，是一位勤劳、善良的姑娘。两个名字昭示了迥异的人物形象和性格特点。

英国女作家埃塞尔·伏尼契（Ethel Voynich）的 *The Gadfly*（《牛虻》）中的男主人公亚瑟（Arthur）13 年后返回意大利，又加入了革命组织，用笔名“the Gadfly”写了大量辛辣的文章。他用最锋利的武器——他的笔就如同牛虻叮咬牛、马动物一样——猛烈地抨击奥地利当局的暴行和教会的虚伪。这些音义结合的人物名字，寄托了作家强烈的爱憎情感。真可谓用心良苦，独具匠心！

美国女作家斯托（Harriet Elizabeth Beecher Stowe）的长篇小说《汤姆叔叔的小屋》中的 Uncle Tom（汤姆叔叔）是一个屈从于命运的奴隶。汤姆在非人的生活条件下从事繁重的劳动，任人摆布，最后死在奴隶主的皮鞭下。此后以 Uncle Tom 喻指唯命是从、逆来顺受的黑奴（one who is slavish or obedient）。《夜色温柔》（*Tender Is the Night*）中，本书的作者、美国著名编剧菲茨杰拉德以那个失望沮丧并沦落为乡间医生的人物 Diver（落水者）暗示人物的沉落和爵士时代的终结。

美国作家塞缪尔·克莱门斯的姊妹篇《汤姆·索亚历险记》（The Adventures of Tom Sawyer）和《哈克贝利费恩历险记》（The Adventures of Huckleberry Finn）堪称近代世界名著，正像作者自己的笔名马克·吐温暗指“舵手”一样，两位主人公的人名也颇有蕴意。Tom 让人联想到 Uncle Tom（汤姆叔叔），Sawyer 指在河里擦来擦去的漂流树或圆木；由 Huckleberry，读者会想到 get the huckleberry，即引人嘲讽、讥笑，Finn 指芬兰人，在美国来说就是异族人。

18 世纪英国著名小说家笛福（Defoe）的著名小说《鲁宾逊漂流记》（*Robinson Crusoe*）中有位叫“星期五”（Friday）的角色。这位被鲁宾逊营救的野人，对鲁宾逊感恩戴德。鲁宾逊给他取了名字叫 Friday，以纪念在星期五这一天搭救了他。鲁宾逊教他学习英语，还教他读《圣经》，极力把他培养成为一个对自己有用的助手。3 年后，星期五成为“一个很好的基督教教徒”。正因为星期五具有对主人俯首帖耳、唯命是从的性格特征，在现代英语中，人们常以 Friday 喻指忠实的仆人和得力助手（an assistant with diverse duties）。由此还产生了 man-Friday（忠实的男仆）和 girl-Friday（得力的女助手或女秘书）。

再看笛福同一小说中的另一人物——鲁宾逊（Robinson）。鲁宾逊是位水手，船遇风暴沉没，他泅水登上热带荒岛，以顽强的毅力战胜各种各样的艰难困苦，在岛上安顿下来，几年后被路过的船只搭救。后来，鲁宾逊就成了离群索居、与世隔绝或单枪匹马闯天下者的代名词。

如今，英美众多文学大师笔下的主人公名字有不少已发展成为英语的正式词汇，它们已成为具有泛称或类指意义的词汇，在日常生活语言中泛指或喻指一类人、一种状况或一种行为。它们能够引起人们丰富的联想，可以使事物清晰，使复杂的道理变得简洁明了、形象生动、耐人寻味。例如，Hamlet 是莎士比亚悲剧《哈姆雷特》（*Hamlet*）中的主人公。Hamlet 在为父复仇的问题上，忧虑重重，既害怕泄露秘密，又怕鬼魂是假的，还害怕落入坏人设下的圈套，因此终日心烦意乱，忧郁寡欢，最后只好装疯卖傻。并由此产生了一句名言：To be，or not to be.（是生或是死。）现在人们用 Hamlet 喻指优柔寡断、犹豫不决的人或行为。由此派生而来的形容词 Hamletlike 意为“优柔寡断的”，如：“I'm no Hamlet.”（我决不犹豫。）

夏洛克（Shylock）是莎翁在喜剧《威尼斯商人》（The Merchant of Venice）中创造出来的放高利贷者的形象。他生性贪婪、嫉妒，为人冷酷而残忍。对于他，金钱就是生命，甚至是一切。也正是由于他对金钱的极度崇拜和贪欲，才使他失去了人性，最终人财两空——既丧失了钱财又失去了女儿。现在辞典中也收录了该词，Shylock 喻指“敲诈勒索的放债者、冷酷无情的人”。同时引申出动词 Shylock，意思是放高利贷。例如：His income derived from illicit activities——bookmaking，gambling，shylocking，and questionable union activities.（他的经济来源于一些非法活动——赛马登记、赌博、放高利贷和一些可疑的工会活动。）

费根（Fagin）是英国 19 世纪批判现实主义作家狄更斯（Dickens）的小说《雾都孤儿》（*Oliver Twist*）中的一个专门教唆儿童做贼的反面角色。现在人们用 Fagin 泛指社会上那些教唆犯，尤指教唆孩童的犯罪者或小偷头子。例如：He is a kindly fagin who harhors a nest of adolescent thieves.（他是一个貌似和善，唆使小孩犯罪的老坏蛋，窝藏了一批少年盗贼。）

麦考伯（Micauber）同样是狄更斯的小说《大卫·科波菲尔》（*David Copperfield*）中的主要人物之一。麦考伯一生都在期待机会，幻想“有朝一日会时来运转”。不巧的是幸运女神从来不曾到来。现在用麦考伯泛指当今社会上那些不筹划未来却老是幻想突然走运的乐天派。同时，还由此产生出一个抽象名词 Micauberism（幻想走运的乐天主义）。例如：My own fear is that the present micauberism will leave us wide open to a humiliating series of defeats.（我担心的是目前存在的乐天主义将会使我们蒙受一系列耻辱的失败。）

从上面大量的例证可以看出，英美文学作品中主人公的名字，不仅是一种语言现象，而且是一种内涵丰富的文化现象。每个名字背后都有其深刻的语言文化内涵，都留下了时代的烙印。作品是作家的产儿，作品中人物的名字，有的展示了人物形象，有的昭示人物性格，有的暗示了人物命运，有的则隐名于音，有的寓意于名，有的命名于典。总之，作品中主人公的姓名大多鲜明地体现着作家的创作意图，寄托着作家的爱憎情感，反映了作家的观点和立场，从而预示了人物的性格与命运。同时，也在另一方面不断丰富和创造着语言的词汇。

第五节　英语文化教学的两种路径

建构主义是一种关于知识和学习的理论，它强调学习者的主动性。建构主义认为世界虽然是客观存在的，但人们对于世界的理解是主观的；知识不可能由外部传授而获得，人们应以自己的经验背景为基础来建构现实和理解现实，从而形成知识；学习是学习者主动地建构内部心理表征的过程，这种建构不仅涉及结构性的知识，而且涉及大量非结构性的知识。学生在获得了有关文化的客观知识后，当他面临具体的跨文化交际情境时，那些概括化、刻板化了的文化特征、行为规范等往往并不能保证他交际的成功。因为真实的跨文化情境要比这些刻板知识复杂微妙得多。结合已有的大学英语跨文化教学可归纳出实施的“隐性”和“显性”两种途径。

一、大学英语跨文化教学的“显性”路径

“显性”路径是独立或相对于语言学习的、较为直接的、较为系统的文化学习。最具显著性的跨文化教学是在语言课程之外开设专门的“文化”课程，如“英美概况”“跨文化交际学”等。这些专门开设的文化导入课具有直接性、外显性、客观性，是与“语言点”相对的“文化点”。这类课程有自己特定的内容纲要、教学目标和测试手段。在英语语言课程中进行跨文化教学和文化导入等教学活动也属于显性文化学习，因为这种“文化导入”是有较明确意图和外显内容的文化学习。从内容看，注重“有形”的文化知识：既有的文化事实、

与文化有关的语言现象及某些跨文化交际的规约；从方法看，一般采用系统讲授或结合阅读课文学习“文化点”。

显性文化教学可以给学生提供系统的、确定的文化知识，但是它的局限性在于可能忽略那些无形的、藏匿于生活各个方面、与个人际遇关系密切的文化因素和文化特质，忽略学习者实际面临这些因素和特质时的主观认识、思维过程和行为能力，忽略学习者自己进行文化探究的能力与学习策略，而这些正是对个体交际者在复杂变幻的跨文化境遇中很有助益的东西。

二、大学英语跨文化教学的“隐性”路径

与显性文化学习的直接、客观、系统等特征相反，有一种主张以较为间接、相对分散和有较多主观参与为特征的隐性文化学习模式。“隐性”路径的文化学习是伴随语言学习过程，与语言学习紧密联系和相互渗透的。这里所说的与语言学习紧密联系，不是指我们常见的在理解课文意义时对某文化知识点的分析讲解，或使学生了解某个语言现象后面的文化典故以扩充文化知识，而主要是指在学习语言材料时对其中所表达的思想主题及其现实文化意义的理解与把握——特别是经学生自己感悟思考后的理解与把握。当一名中国学生阅读一篇英语原文课文时，他就在经历一次跨文化交际，尽管这是互不见面的读者和作者之间的交际。如果教师能引导学生不但理解文本的表层信息——课文讲了什么，而且思考文本的隐含信息——课文为什么而写、为谁写和是谁写的、课文内容与自己所处的文化环境有何相关和实际意义、从不同文化背景理解课文的困难是什么等，那么这个学生就是在进行一种“文化”的学习。

这种学习不是简单的知识传递，而是在教师引导下学生对“非结构的”“捉摸不定”的事物的主动建构与主观理解。这样的语言学习过程同时也是文化学习的过程，是思维方式和文化洞见力的学习与训练。由此可见，隐性文化教学的成功实施对语言教师的现代教学素质和社会文化敏感性与洞见力有格外高的要求。大学英语教师一定要有较强的文化意识和深厚的专业素养，结合所授内容，有目的地对学生进行文化输入。

“隐性”路径教学的优点在于它有利于发展学生“无形”的文化领悟力和思考力，是一种学习能力，更是一种能应付现实的、真实的跨文化交际的能力。它的缺点在于随课文内容零散和随机地学习目的语文化可能导致某些知识项目的缺失，而且易受到传统课堂的冲击。比如在授课时，容易走向重词汇、句法等语言形式，轻深层内涵文化的老路，因而使文化学习边缘化。有鉴于此，在我国特定的大学英语教学环境中，隐性文化教学与显性文化教学相结合、相补充是十分必要的。

第四章　文化语境下英语教学探索

第一节　文化语境下英语教学的目标探索

《大学英语课程教学要求》（2007）提出，大学英语的教学目标是“培养学生的英语综合应用能力，特别是听说能力，使他们在今后工作和社会交往中能用英语有效地进行交际，同时增强其自主学习能力，提高综合文化素养，以适应我国社会发展和国际交流的需要”。

大学英语课程不仅是一门语言基础课程，也是使大学生拓宽知识面、了解世界文化的素质教育课程，兼有工具性和人文性。因此，设计大学英语课程时也应当充分考虑对学生的文化素质的培养和国际文化知识的传授。本节主要探索文化语境下英语教学的目标。

一、明确母语文化和目的语文化的定位

本书借用梁启超先生划分中国史的方法来明确大学英语教学中母语文化的定位。梁启超先生的《中国史叙论》作为中国通史的纲领，将中国史划分为中国的中国、亚洲的中国和世界的中国三个阶段。中国的文化称为中华文化，是在中国的主要人口发展出成群的共同意识之后，秦汉帝国400年的熔铸将“中

国之中国”定型；在东汉之后，外族入侵加上佛教的传入，中国始终面临外围的挑战，此时实际已是“亚洲之中国”；“世界之中国”始于清朝乾隆末期或者之前。我国学者许倬云指出，如果中国在“亚洲之中国”阶段就能发展出与其他文化平等共存的心态以及对其他文化的尊重与认识，那么中国在进入“世界之中国”时就不至于心理上毫无准备。今天的中国人已经认识到中国只是世界的一部分，中华文化只是在人类文明中占了一席。

大学英语教学的内容要以母语文化为基础，这是学生在文化语境下英语交际中的立身根本，但是在大学英语课堂中进行母语文化教学超出了大学英语教学的要求，也不是大学英语教学可以单独完成的。因此，大学英语教学中的母语文化内容应以母语文化内容的英译，即如何表述母语文化内容为主，同时进行母语文化与目的语文化的对比。

大学英语教学应当涉及其他文化的内容。如今，英语已经是一门公认的世界通用语，除以英语为母语的国家之外，亚洲、大洋洲等地区的很多国家都将英语指定为官方、准官方或工作语言。例如，印度、新加坡都用英语，日本、韩国、马来西亚的英语普及率也很高。全球化的今天，英语已不仅仅被用来与以英语为母语的人士交流，大学生还可以使用英语与来自其他国家的人士交流，因此大学英语教学的内容在新形势下必须进行扩展。

大学英语教学中目的语的文化学习是重点。学习目的语文化是掌握目的语言必需的，能够让大学生意识到自己的文化身份，这也是学生建立文化身份的途径之一。只有在深入了解目的语文化的基础上，学生才能更深刻地理解母语文化，理解中国历史和文化是整个世界的历史和文化的一部分，理解自己不仅是中华文化的传承者，而且是世界文明的延续者。

二、层次化教育目的设计

文化语境下英语教学大纲的培养目标是让大学生具备三个层次的能力。

第一层次，使学生自如地表述自我和母语文化，具备用英语表述母语文化的能力。对西方人来说，中国人和中国的文化都是“文化上的他者”，要避免西方将中国的民族文化和民族自我淹没在西方式的话语中，就必须依靠中国人对自我文化的阐释和表述，必须用西方人能够理解的方式表述自我以及自己的母语文化。

第二层次，让学生深刻理解目的语文化的深层内核，具备对目的语文化的理解能力。对于学生来说，目的语文化也是“文化上的他者”，如何避免将目的语文化“他者化”、如何避免文化障碍是大学生学习外语的主要目的之一。因此，大学生应该理解目的语文化的深层内核。

第三层次，使学生成为跨文化人，这是开展文化语境下英语教学的终极目标。因为学生具有他者身份，便可以有意识地与目的语文化价值观保持距离，从他者的视角来审视目的语文化，指出西方人习而不察地对他者的冷漠，这样不但可以令西方人反省自己的文化，也能为自己争取到话语权。同时，学生的他者身份也为自己提供了一个认识自我的参照，从他者的角度看母语文化会让学生进入反思自我的旅程，进而重新认识习以为常的社会。跨文化人的身份可以使学生以他者的眼光观察母语文化和目的语文化的社会、历史、价值观等；他者的优势就是“旁观者清”，只有旁观者才能纵观全局。通过这样的对文化的观察，学生能够学会反思两种文化模式，重新审视两种文化中的社会价值观，进而更深刻地、批判性地认识自我，同时在这一过程中学生能建立文化身份，弥合西方与东方、他者与自我，从两种文化中吸收养分。

教会学生如何在这个多元社会中生活，是大学义不容辞的责任。在人的身上，没有哪一样东西比语言更能包容整个族类。语言具有把各个民族分隔开来的特性，而正是这种特性使语言得以通过不同话语的相互理解，把个人差异统一起来，同时不损害他们的个性。同时，学习英语不能仅仅为了通过 TOEFL（The Test of English as a Foreign Language）考试、IELTS（International English Language Testing System）考试、GRE（Graduate Record Examination）考试，而应让英语成为一座桥梁。如此一来，当学生拿起一本英文著作时，就可以与西方文明中的智者对话，产生思想的碰撞，进而从他者的角度看到母语文化的优势与劣势，并从他者的角度审视目的语文化。

综上所述，只要大学生成为跨文化人，就能够在两种文化中搭起一座桥梁，使母语文化在面临西方文化的挑战时，不至于成为一个曾经辉煌但逐渐逝去的堡垒，而是在继承中，在两种文化的交流发展中重新焕发光彩。

第二节 文化语境下英语教学的教材探索

一、增加通识教育内容

早在1828年，《耶鲁报告》就指出心智的训练、人文价值是外语学习的理性基础，大学的任务是训练学生的心智，拉丁语和数学是达成该目的的最好工具。如果学生能够掌握系统的、有序的、完整的知识体系，就掌握了一个可以应用于其他不完整科目的思想体系，进而能够在其他科目中追寻知识。外语教育是人文教育的一个重要组成部分，源于古典教育的外语教育并非单纯的语言学习，还包括语言承载的知识与文化。通过语言及其承载的文化，外语教育成为人文教育的核心。

与人文教育密切关联，外国语言和文化一直是通识教育的重要组成部分。例如，美国高校的通识教育是其课程体系中最重要的组成部分，而外语教育又是通识教育的一个重要部分。哈佛大学的核心课程规定了11个领域，其中第一领域就是外国文化，而外语学习是外国文化领域规定的重要课程之一。耶鲁大学的通识教育要求学生学习人文艺术学科、科学、社会科学三个领域的课程。其中，在人文艺术领域，外语和文化课程是完成该领域学习的重要部分。语言学习不仅具有交际的实际应用价值，更重要的是语言学习与文化鉴赏，以及促进和提高分析思考能力、价值甄选能力紧密相连。正是在人文主义思想下，外语教学与文化教学成为通识教育的一部分。

总而言之，大学英语本身就是通识教育的重要组成部分，将大学英语系整合进通识教学部，能够弥补现有大学英语教材的不足，让学生接触到经典作品，同时开阔师生的眼界，促进大学英语教材的改革。

二、增加母语文化内容

在文化语境下的英语教学中，应注意中华文化的表述，帮助学生建立平等的交际意识。在教材的编写中，应该将中华文化内容分层次、系统地纳入大学英语教材。通过对母语文化的学习，让学生树立民族自信心，提升民族自豪感，在交际中树立平等的交际意识，进而培养学生输出中华文化的意识，保证文化的双向传输。

英语教材直接影响教学内容和教学目的。然而，目前多数大学英语教材只注重对西方文化的介绍，忽视了中华文化。文化语境下的交际体现的是双向的交际行为，不仅包括对目的语文化的理解，还包括文化共享和文化影响。因此，增加英语教材中的中华文化内容，是我国大学英语教学迫切需要解决的问题。鉴于中华文化博大精深，不可能面面俱到，应选择一些经典的、具代表性的文章编入英语教材。同时，方式应该多样化，可以把中华文化内容作为课文讲授，也可以将之作为课外阅读材料，或者将之作为口语、听力的练习内容，从而让英语教材发挥弘扬民族文化、培养学生人文素质、提高学生语言能力的作用。

此外，在英语教学过程中也应当融入中华文化。传统的大学英语教学过分强调学生听、说、读、写能力的提高，使英语课变成了单纯的语言技能训练课，这显然不能满足提高学生英语交际能力的要求。文化语境下英语教学可以改变单一的语言技能训练教学模式，进而实现真正的文化教学。为此，教师应该在不同的学习阶段，根据学生的学习程度，帮助学生掌握中华文化的英语表达方法，调动学生的积极性，让学生学会用英语向其他国家的人讲述中华文化，让世界了解中国。

总而言之，教师应该在文化语境下的英语教学中融入中华文化，让学生在英语交际中保持自身的文化身份，实现有效的跨文化交际。

第三节　文化语境下英语教学的方法探索

华北理工大学王晓玲教授和曹佳学副教授对大学英语课堂教学效果进行了系统调查[①]，选择了河北联合大学15名大学英语教师作为课堂调查对象。15名教师中，老、中、青各5名，其教学年限从2～20年不等。根据教学计划，该课题组对每位被选教师分别听课4个学时，15名教师共听课60学时。该调查主要了解教师在课堂的教学情况和学生在课堂的表现，其中包括教师的教学方法、教学内容、教学态度、课堂活动组织、师生互动，以及学生小组活动形式、课堂学习积极性、课堂反应等。总结并分析2个月的课堂调查后，该课题组认为，以下五个方面是影响大学英语课堂教学效果的主要因素：

①教师的教学观念。

②教学内容与方法。

③学生课堂参与度与注意力。

④课堂互动与语言环境。

⑤学生的学习积极性。

下面就从这五个方面入手，分析并探索文化语境下英语教学的具体方法。

一、教师的教学观念

“以学生为中心”的教学观念尽管已经被越来越多的教师所接受，但是真

① 王晓玲，曹佳学. 跨文化大学英语教学——理论与实践[M]. 成都：西南交通大学出版社，2015.

正实践起来还是有一定的难度。在课堂教学中，几乎所有教师都是按照事先准备好的教案进行教学。讲课中，有的教师准备的教学内容明显偏难，超出学生的知识范围；有的教师准备的教学内容又太容易，没有讲授的必要。很少有教师会根据教学对象调整教学内容，造成的结果是：教学内容太难会使学生“云山雾罩”，教学内容太简单会使学生无所事事。这种情况表明，多数教师不习惯从学生学习的角度考虑如何设计教学内容和方法。教师备课时是以教材为基础，而不是以学生为基础。这种模式反映的教学观念是，教师教什么、学生就学什么，教师很少考虑学生需求，导致学生课上学习积极性不够高。美国心理语言学家道格拉斯·布朗（Douglas Brown）认为，只有根据学生的需要和愿望组织教学才能激发学生内在的学习动力，而提高内在动力是保障学生学习效果的最佳方法。

二、教学内容与方法

在实际教学中，很多教师备课时做了精心准备，从背景知识、生词、语言点到文章结构面面俱到，教学态度也十分认真。然而这种教学方法却达不到良好的效果。这是因为他们备课时主要是备教材，而很少考虑学生的需求。这使得在上课时，教师都是在教教材，而不是用教材教。两者的区别是，前者是教师根据教材组织教学，考虑的重点是教材中有什么背景知识要介绍、有什么语言点、生词、课文难点要讲解；后者是教师利用教材开展教学活动，考虑的重点是学生可以从教材中学到什么。

具体而言，在教学内容与方法上，文化语境下英语教学主要存在以下几方面的问题：

①教学目的不明确。有的教师没有在课堂教学中介绍教学目的，他们备课时是否考虑了教学目的不得而知，但至少是没有认识到教学目的的重要性。有的教师虽然列出了教学目的，但是教学过程中并没有按照教学目的设计教学内容，所以教学目的形同虚设。事实上，有些教师承认，他们每节课的教学目的就是讲完某单元课文，而很少考虑通过课文学习要达到什么具体的教学目的。

②教学重点不突出。没有明确的教学目的，教学内容很容易变成流水账，教师往往从生词到课文讲一遍就算完成了教学任务。但是，学生的记忆力是有限的，不可能将教师讲的每句话都记住。这样一来，教师讲得越多，学生越不知道重点是什么，导致上完课学生感觉没收获。

③知识与应用不平衡。《大学英语课程教学要求》（2007）指出，大学英语教学要实现从以教师为中心、单纯传授语言知识和技能的教学思想和实践，向以学生为主体，注重培养语言实际应用能力和自主学习能力的教学思想和实践的转变。但是，有些教师的授课内容仍然是以语言和技能为主，语言应用型课堂活动较少。

④课堂时间分配不合理。大部分教师都以阅读材料为中心，将教学过程分为阅读前、阅读中、阅读后三部分。调查发现，这三部分的时间分配并不合理。大多数教师进入课文用时较长，最短的需 20 分钟，最长的需 45 分钟；部分教师课文讲解用时较长；完成课文阅读后的活动用时普遍较短。其原因可能是进

入课文前教师比较容易组织活动，讲解课文过程中可讲内容较多，而讲完课文后大多数教师感觉完成了任务，所以课后活动往往一带而过。实际上要想提高学生的语言应用能力，必须加强阅读后的活动，因为学生在阅读中所学词汇、语法、结构，以及对课文深层次意义的理解和引申都需要通过这部分来完成。

⑤提问形式使用不当。调查发现，有些教师在课堂上使用展示型问题较多，使用引申型问题较少。展示型问题是用来了解学生对阅读或听力内容的理解情况。这类问题没有信息差和交际意义，因为学生可以直接从文本中找到答案。引申型问题是用来讨论文本的深层次信息或读者对所获取信息的评论和意见。这类问题是开放性的，学生无法直接从文本中找到答案，需要自己组织语言，因此更有利于培养学生的表达能力和语言应用能力。但是，由于教师主要使用展示性问题，学生回答问题时几乎全部照本宣科，使用课文中的原句。从表面上看，师生在互动，学生在练习，但他们之间并没有真正意义上的信息交流，因此不利于培养学生的表达能力和语言运用能力，同时容易使学生离开书本就不敢张嘴。

总的来说，大学英语教学过程中必须避免上述几方面的问题，才能提升教学效果，提高学生的英语运用能力。

三、学生的课堂参与度与注意力

学生的课堂参与度与注意力是相辅相成的。课堂上，如果学生只是旁观者，其注意力就很难保持一堂课时间。只有让学生主动参与课堂活动，才能吸引学生的注意力，进而提高教学效果。

从课堂实践来看，大学英语教学中学生的参与度不够广泛，尽管有的教师尝试调动学生参与的积极性，但经常只是少数学生发言，多数学生保持沉默。分析原因，可以发现如下问题。

①任务不够明确。有的教师布置活动时没有说清楚到底让学生干什么，这会让学生感到困惑，不知道教师的具体要求是什么。学生不知道教师让他干什么，当然就没办法参与活动。

②任务不够合理。有的教师不预先布置任务，等到学生完成听力和阅读后直接提问或开展讨论，造成学生没有思想准备，无法参与活动。课堂上无目的的听力和阅读不仅让学生无所适从，不知道要听什么、读什么，也不符合语言学习规律。

③任务意义缺乏解释。有些教师只布置任务，而不解释为什么。这样做的结果是有的学生不理解任务的意义，有的甚至认为任务没意义而不愿意参加教师布置的任务。

④提名发言不够。由于班级人数较多，有些教师不知道学生的姓名，大多数情况下教师提问时都是学生自愿回答，导致那些不习惯主动发言的学生不仅没有机会练习，而且会感到被忽视了。更严重的是，有些学生一旦意识到教师不会提问他们，就不再准备回答教师的问题，也不再跟着教师的思路进行学习。

通过上述问题的分析可以发现学生的课堂参与度对教学效果的影响，因此在大学英语教学中，教师要尽量避免上述问题的出现，并改进教学方法，吸引学生的注意力，进而提升其英语运用能力。

四、课堂互动与语言环境

通过多媒体设备的使用和教师的英语授课，学生能够在课堂上始终处于目的语语境。但这些还远远不够，因为真实的语言环境需要互动，需要信息交流，需要用语言做事。

在大学英语课堂上，信息主要是从教师流向学生。有的教师从头到尾滔滔不绝，除了要求学生随声附和一两个词外，几乎没有给学生留出在课堂上交流的机会；有些教师虽然提问，但只是流于形式，不等学生回答就将答案告诉学生，根本没准备跟学生交流。在这种情况下，没有语言互动和信息交流，学生就难以进入真实的语言环境。更重要的是，没有跟学生交流，教师就不知道学生在课堂上获得了什么，而没有教学反馈也就难以了解教学效果。目前，大学英语课堂教学还是以教师讲授为主的语言输入型，学生的语言输出不足是影响交际能力培养和教学效果的主要问题。

布朗认为，学生只有通过语言输出才能有效地掌握输入语言，逐渐实现语言自动化。换句话说，如果学生不能亲自参与语言实践活动，就不能习得语言。

五、学生的学习积极性与教学效果

学生的学习积极性直接影响课堂教学效果，尤其是在刚开始上课的预热和导入阶段，这一阶段是课堂气氛最活跃、学生参与度最高、趣味性最强的教学环节。因此，许多教师都是尽量利用这一阶段开展各类活动，制造课堂闪光点，以听歌曲、看录像、讲故事、介绍背景知识、开展讨论等形式吸引学生的注意力。

有的教师在这一阶段的活动安排过多，导致一旦进入课文学习阶段，课堂气氛就会急转直下。单调的课文讲解和阅读理解活动使教学的趣味性大打折扣，如快读、略读、提问、填空、做选择题、找主题句等教学活动学生早已司空见惯。随着趣味性的下降，学生的注意力开始分散。事实上，在课文学习阶段，很少有学生记笔记，很多学生目光游离于课本之外，有的看手机，有的交头接耳，有的显得无所事事。简言之，进入课文学习之前，课堂趣味性比较强，学生注意力比较集中，一旦开始学习课文，课堂就显得枯燥乏味，学生就开始目光游离。因此，要想提高大学英语教学效果，就必须改进课文学习阶段的教学方法。

总体而言，英语教学自诞生之日起就一直在不断追寻良好的教学方法，但是没有一种方法是放之四海而皆准的。学生本身的因素，如年龄、性别、动机、态度、智力、认知方式、家庭影响、天赋、兴趣、性格、学习方法等都会影响学生的学习效果。我国在大学英语教学中更多地关注教师如何教，而忽视了学生在母语和第二语言习得方面的差异。大学生已经是成年人，学习的环境和方式与中学时期完全不同，学习的目的和过程也不相同。因此，文化语境下英语教学应顺应学生的成长和心理过程的变化，重视学生的个性发展。

当前，语言研究者和教育者大多意识到语言环境和学生个体的复杂性。语言教学已经跨过了遵循某一种或几种教学法的时代，进入后方法教学时代。语言教育者的任务不是追求最好的教学法，而是探索能够满足学生需求并且适应学生学习体验和个体差异的教学策略。随着现代科技的发展和教学理论的推进，出现了新的教学方式。下面介绍几种可以应用于文化语境下英语教学的教学方式。

（一）计算机辅助语言教学

计算机辅助语言教学（Computer Assisted Language Learning，CALL），是指计算机按人们事先安排的语言教学计划和内容进行课堂教学和辅助课外练习。随着数字技术的发展和计算机应用的普遍化，以及英语教学中更强调交际能力和文化基础，计算机被广泛用于语言教学，并成为合适的培训工具。

学习软件的开发和网络互动平台的发展都给学生提供了方便、快捷的学习方式。在这种方式下，学生可以在任何适宜的时间、地点进行学习，并自己确定课程进度；学生面对计算机时没有心理压力或“丢面子”的问题。可以说，计算机辅助语言教学既有助于学生的个性化学习，也有助于大学英语教师保存学生的学习记录和教学资料。

（二）个性化学习

个性化学习源于人本主义的教育观，能够满足学生对课程自我掌控的要求。在个性化学习中，学生可以选择个性化的学习方案，使用规定的或自学的学习材料，并自己设定学习进度。

个性化学习尊重学生的个性。在个性化学习中，教师可以根据学生的兴趣、特长、需求来调整教学方式，并从教授者转变成学生的合作者甚至是学习者，学生不再是被动的听讲人而是主动的合作者，进而促进学生形成终身学习。

（三）以目标为指导的英语教学

教师和学生建立平等的伙伴关系，共同努力以达到一定的外语能力、程度的要求。目标具有激励作用，可以将人的需要转化为动机，并将学习结果与目标进行对照，然后及时调整策略，直至达成目标。因此，以目标为指导的教学方式可以提升英语教学的效果，提高学生的英语运用能力。

（四）自主学习

自主学习是与传统的被动接受性学习相对应的学习方式，能够利用已经开发好的语言学习材料，由学生自己进行自主学习。在进行自主学习时，要注意两方面内容：一是要给学生配备语言导师，以进行语言的实际操练；二是在学习完成后，要进行测试和评估。

自主学习以学生为学习的主体，通过学生独立的观察、分析、实践来实现学习目标，培养学生自己收集和处理信息的能力、分析和解决问题的能力，以及交际和合作的能力。自主学习能够有效利用教师资源，降低高校开设语言课程的成本。

第四节　文化语境下英语教学的师资探索

语言学习是人文教育最为显著和最具决定性的特征。语言学习的好处在于能够提高学生对语言的理解力，从而有助于学生更严密和细致地使用自己的语言来理解外语文本以及理解英语交际的障碍。在耶鲁大学，无论学生的入学外语考试水平如何，都必须学习外语，因为耶鲁大学认为外语技能、数学以及定量的分析技能是学生通向未来学习和生活的钥匙。

随着全球化的深入，世界各地的人们的相互接触越来越频繁，外语成为现代人必备的素质之一，同时英语交际能力成为跨文化人必备的素质，这必然对英语教育提出更高的要求，而英语教师作为教学活动的实施者、组织者和管理者，必然面临更大的挑战和压力。因此，为适应英语教育的发展，大学英语教师必须接受更严格、更广博的培训。本节从师资培训和师资整合两方面出发介绍文化语境下英语教学的师资探索。

一、师资培训

一般而言，国外的教师培训主要指的是业务方面，国内的教师培训包括政治思想和业务两方面。其中，政治思想方面的培训包括爱国主义、集体主义、敬业精神、对教育事业的忠诚、认真负责的工作态度等方面；业务方面的培训是为了提升教师的语言技能，包括对教师的阅读、听说、写作、翻译等方面进行培训。

很多学生、家长甚至教师本身都认为，一个人只要学会了英语就能教英语，一个人只要英语水平高就能教好英语。这种看法是不对的，事实上教师培训应该包括“教什么”和“如何教”两方面。

（一）教什么

“教什么”并不简单地指“教英语”，教语法、词汇、课文等，因为语言本身包括语音、词汇、语义、语法、篇章、语用等，语言技能包括听、说、读、写、译。而且，语言不仅是符号系统，还是人与人之间传达信息或表达思想的媒介，也是使用这种语言的民族的历史文化的载体。语言就像一面镜子，反映了民族历史、文化、心理素质等深层结构，隐形地规范着一个民族看待世界的价值标准和思维方式。许多学生、家长和教师认为，英语学习的目的主要是与目的语国家的人员进行商务、教育等方面的交流，这显然是受到语言工具论的影响，只看到了语言在具体的人际交往中的功能，而忽视了语言承载的文化。事实上，语言是文化的载体，涉及文化的方方面面，蕴含着哲理和智慧。因此，英语教师在教授语言的同时也应当传授文化知识。

大学英语教学实践中强调的词汇、语法、篇章都与文化密切相关。单词的意义通常是由文化决定或限制的，不同文化的特征经过历史的积淀都在词语中留下了痕迹。英语是具有严格语法规则的语言，汉语的语法则相对灵活，这种差异与两种语言各自的文化传统和思维方式有关。语言的推理方式可以从语言的行文中看出来，对具有不同文化背景的学生写的文章进行分析，可以发现学生在逻辑层面和篇章结构上受到不同文化因素的影响。英语篇章呈直线形，常用演绎；汉语篇章呈螺旋形，句子之间没有太多的连词，主要靠思维的连贯、语义的上下呼应来表达完整的意思。

总的来说，只强调语言的工具性，单纯进行语言技能的训练是无法真正学好和教好一门语言的。一个人不可能学习使用一门语言，而不学习关于这种语言背后的文化。为了达到使学生学好英语的目的，教师必须在语言教学中涉及文化教学，没有文化教学的语言教学是枯燥的和无意义的。因此，针对大学英语教师的师资培训必须突出语言的文化内涵；英语教师在学习语言的同时必须学习文化知识，在教授学生学习语言的过程中必须涉及文化。此外，大学英语教师培训还应包含世界政治、经济、文化内容。

（二）如何教

目前，在大学英语教师培训中，“如何教”主要是指教学法。教学法只是“如何教”的一个方面，“如何教”还包括二语习得、语言学习的过程、学生个体差异等方面。

当前教学法的研究理论与实践都源于西方国家，缺乏本土化的经验，国际上英语教学领域的主流教学方法往往缺乏非常重要的社会政治维度，无法使英语教学在其所处的社会、文化、经济、政治等复杂环境中实现本土化。因此，在“如何教”的培训方面，教学法只是一个方面，还应兼顾其他很多因素。在后方法教学时代，大学英语教师的任务不是去寻找或应用最好的教学法，而是去实践既能够满足学生需求又能适应学生个体差异的教学策略。

二、师资整合

英语的重要性，加上学生、社会对大学英语教学的更高要求，促使大学英语教师接受更高难度和更深层次的培训，促使其具备广博的知识和较高的文化素养。然而，大学英语教师在繁重的教学工作之外很难抽出大量的时间进行长期系统的培训。而且，对大多数毕业于英语专业的大学英语教师进行跨学科的培训，不是通过短期培训就可以见效的。那么，如何保证大学英语教学质量呢？答案是进行大学英语师资整合。

美国的大学基于自身的文化传统和社会现实，选择在外语院系之外成立语言中心，如哈佛大学、耶鲁大学都设立了专门的语言学习中心，为学生的外语学习和教师的发展提供支持，确保大学生在校期间的外语学习质量，帮助学生达到通识教育的外语技能要求。

我国大学借鉴美国大学的经验尚需本土化的实践，而中国台湾省元智大学的教学实践可以为大陆各地区大学英语师资整合提供有价值的参考。元智大学国际文化及服务组为拓展师生国际视野，以文化交流为目的，以外籍师生服务为主轴，经常举办与世界文化对话的活动，通过讲演、游学宣传、文化交流周等活动，为师生提供了更多的国际文化交流机会。同时，元智大学国际语言文化中心为了强化学生的外语能力，落地全校大学英语教学课程，建构国际化生活环境，并配合国际化政策，开展国际学术文化交流业务。该中心负责规划及落地全校性各项英语、第二外语及华语课程，协办各种语言测试及文艺活动，以改善校园外语学习环境，拓宽师生的国际视野，提升其文化涵养。元智大学将大学英语教师整合进国际语言文化中心，与对外汉语教学的师资和外事交流与联系的师资进行了整合，形成了跨语言、跨文化的团队，同时将国际语言文化中心设为通识教学部的下属分支。此外，元智大学通识教学部的师资涉及佛学、易学、流体艺术、中国文学、公共组织与管理、非营利组织与管理、哲学、美学、教育学、物理、环境工程、化学、心理学、梵语、诗学、人类学、家庭研究、儿童发展等多个学科，使大学英语师资能够形成跨学科的团队。如此一来，大学英语教师在各种交流、活动、教学中都能够很快获得帮助。可以说，师资整合使大学英语教师拥有了一个自然的提升自我、丰富自我的过程。

总的来说，大学英语教师是大学英语教学走出困境的关键因素之一，进行大学英语教师培训以及大学英语教师和其他相关学科教师的整合是比较好的解决问题的方式。

第五章 文化语境下英语教学法

第一节 文化语境下英语词汇教学法

词汇教学是提高大学生词汇能力和语言能力的重要途径。在具体的词汇教学过程中，教师需要选用科学的教学策略，从而提升词汇教学的效果。

一、广泛阅读法

英语词汇的学习绝对不能单纯地局限在大学英语课堂内，必须采取一些辅助方法，如广泛阅读，来让学生更好地学习英语词汇。具体而言，采取广泛阅读的方法进行词汇教学时，大学英语教师可以扮演导入者的角色，合理地导入西方文化，向学生推荐并介绍与西方历史文化相关的书目、电视节目以及报刊等，引导并鼓励学生进行广泛的英语阅读。这样一来，不仅能增加学生的课外阅读量，而且能扩大学生的知识面，还能促进学生对英语文化的认知和了解。

二、集中分散法

集中分散法是进行词汇教学最为普遍的一种方法。这种方法具体指的是在词汇教学中实行集中速成记忆和分散巩固使用。之所以进行集中速成记忆，主要是为了增强词汇的系统性，更充分地发挥智力因素的作用。需要注意的是，集中速成记忆虽然能够较为迅速地提升学生的非智力因素修养，但是学习强度比较大。

在进行集中教学后，教师要采取分散巩固的措施，具体是指将集中成组的词分散在词组、句子以及文章中，让学生进行听、说、读、写等各项技能的训练。这样能够真正地将知识转化为技能，也更加有利于使词汇记忆由短暂过渡到长久。当然，从形式层面来看，分散是指将词汇教学由之前的集中在词汇课而分散到其他课和活动环节中。例如，在讲授《新编大学英语》这一教材的某一单元的内容时，教师应先让学生重点学习该单元的“课堂阅读”和“课后阅读”要求掌握的词汇以及结构，再引导学生围绕其中的一些主题或中心内容展开充分的联想，并尽可能地运用所学的词汇写出同该主题相关、内容连贯并能较充分地展示个人思想观点的段落、短文等。

这种集中分散识词的方法充分借助构词知识、语义网络等系统，较好地规避了孤立地学习词汇造成的缺陷，科学、合理地对语言使用的教学过程进行了安排。这样有利于充分、有效地调动学生的积极性，并且能够使已经识记的词汇得到更好的复习运用，进而使这些词汇牢固地保留在记忆系统中。

三、文化融入法

教师在以文化语境下英语交际为视角展开词汇教学时，不应单一地停留在词汇层面，仅就词汇本身进行讨论，而应从更宏观的角度对词汇教学进行思考，认清词汇教学的本质其实就是目的语的教学，教授词汇其实也就是教授文化、交际、思考、学习以及语言。如果以这样的思维进行考虑，就能够使词汇教学更具灵活性，并在开展词汇教学时更加关注词汇的文化背景。更进一步说，词义问题通常就是文化和思维方式的问题。

教师在具体教授词汇时，应从文化层面给予学生有效的引导，引导学生从意义过渡到文化，再从文化过渡到思维。在词汇教学中，教师与其费力地对具体词的多义性进行讲解，不如引导学生着眼于文化和思维这两个角度对词义转化的可能性进行推测，不断促进学生对词义的演变规律的掌握，从而更好地激发学生对词汇学习的兴趣。

除此之外，教师还应重视词汇语用信息的呈现，对词汇意义中的文体意义、内涵意义、情感意义等方面的语用信息给予充分的重视，将这几大信息视为语言交际运用的关键因素，同时密切关注词汇在使用过程中的得体性。

四、联想教学法

联想教学法也是大学英语词汇教学使用得比较频繁的一种方法。具体而言，联想教学法就是在词汇教学的过程中帮助学生建立有效的联想，进而帮助学生学习词汇。例如，教师可以借助学生比较熟悉的事物或例子来有效地引导学生进行词汇联想学习，或者可以引导学生联想同英语国家的习俗和文化习惯相关的内容来帮助学生学习词汇。例如，就“natural disaster（自然灾害）”这一词组来看，识记该词组的真正意义之后，还可以以该词为基础，依次联想一系列与自然灾害相关的词汇，如 tsunami（海啸）、earthquake（地震）、typhoon（台风）、mudflow（泥石流）、drought（干旱）、flood（洪水）等。

五、语言材料创新与文化内容融合法

在展开大学英语词汇教学时，可以借助语言材料的创新与文化内容融合的方法。在具体的大学英语词汇教学实践中，要想较好地让学生掌握相关的词汇文化知识，通常需要依托于语言材料，只有将文化内容同语言材料相结合，才能使学生更好地掌握词汇的内涵和意义。

从语言材料本身来看，大学英语教学中应用的大多是与历史事实相关的介绍、目的语文化习俗、词语典故等方面的材料。在长期的教学实践中，有一部分语言材料会被反复利用，导致学生在学习过程中容易感觉枯燥乏味。因此，为了更有效地激发学生的学习兴趣，提高学生对文化差异的敏感性，教师需要对语言材料进行适时地开发和创新。例如，教师可以在实际的词汇教学实践中借助故事创作来辅助英语词汇教学，也可以通过看电影、观看录像、举办专题讲座等方式辅助词汇教学。如此一来，就能让学生在听故事的同时理解、学习甚至应用单词。

总的来说，在文化语境下展开大学英语词汇教学，应对词汇背后的文化给予密切的关注。同时，学生在英语学习时应重点培养自己文化语境下的英语思维，这与大学英语词汇教学的目标即在教授词汇的同时向学生传播文化高度一致。

第二节　文化语境下英语语法教学法

语法就是英语中的词、词组、短语及分句的排列规则、规律和方式。要想掌握一门语言，就必须掌握其语法规则。同时，英语文化中蕴含的思维方式、价值观念等都可以通过语法来体现，因此在大学英语语法教学过程中应对其中的文化因素给予足够的重视。

大学英语语法教学旨在帮助学生获得英语内部结构的一般规律，在大学英语教学中有着重要的作用与地位，不仅有利于对学生英语知识与技能的培养，而且是提升学生交际能力的基础。本节主要针对大学英语语法教学法进行论述。

一、演绎教学法

由于语法教学的抽象性特点，运用演绎教学法进行语法教学非常普遍和常见。这种教学法具体是指运用一般的原理对个别性论断进行证明的方法，演绎教学法的具体运用过程其实就是由一般到特殊的过程。运用该方法进行语法教学时，教师可以先简单地向学生介绍抽象的语法概念，然后进行举例分析和说明，将这些具有抽象性特点的概念引用到具体的语言材料中，并借助大量的类似的练习材料，帮助学生学会独立地运用这些语法点。例如，在讲授情态动词这一语法现象时，可以将一些比较常见的情态动词的可能性大小演绎出来，如图 6-1 所示。

需要说明的是，图 6-1 中列出的表示推测性用法的情态动词本身并没有时间上的差异。

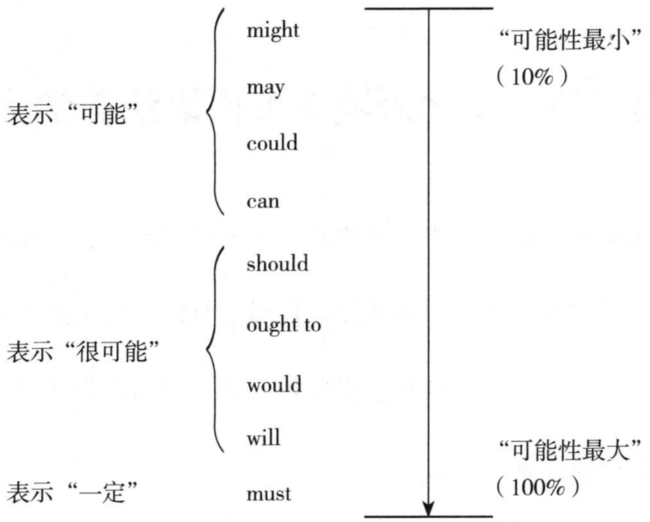

图 6-1　常见情态动词“可能性大小”演绎示意图①

二、微课程教学法

随着“互联网 +”时代的发展和国家间英语交际的日益频繁，语言教学模式、教学方法等也应进行相应的革新和变化。与此同时，还应结合、借鉴传统意义层面的翻译法、讲授法等教学法的经验，弥补传统教学法的不足，并充分考虑新时代下大学生的个性化需求和特点，展开与时代发展相适应的大学英语语法教学。微课程教学法就是一种结合当前大学生热衷的笔记本电脑、智能手机、平板电脑等移动终端设备，通过利用这些设备能够获取文字、图片并随时随地观看视频这一特点而进行的比较有意义、有价值的语法教学方法的实践和尝试。

具体而言，微课程教学法是指以“云环境”背景为依托，并倡导“导学一体”这一理念的基本模式的教学方法，具体包括三个模块：课前自主学习任务单、配套学习资源、课堂教学方式的创新。其中，课前自主学习任务单具体指的是教师指导学生进行自主学习的方式，这一模块的自主学习任务单对于教学活动

① 吴秀英 . 英语教学基础理论诠释及创新视角研究 [M]. 长春：吉林大学出版社 , 2019

具有导向作用。配套的学习资源具体是指微视频，这种类型的资源具有短小精悍、主题突出、便于运用等特点。关于课堂教学方式的创新，教师在具体的教学中可采用灵活多样的方式，如小组间的竞争、小组或同伴间的合作学习、教师的点评、小组间的互评等，以尽可能地激发学生的学习兴趣，培养大学生的团结协作和创新精神。

为了对该课程教学模式有更深入、清晰的认识，下面对以建构主义学习理论为指导的微课程教学法的教学模式进行简要分析，具体如图 6-2 所示。

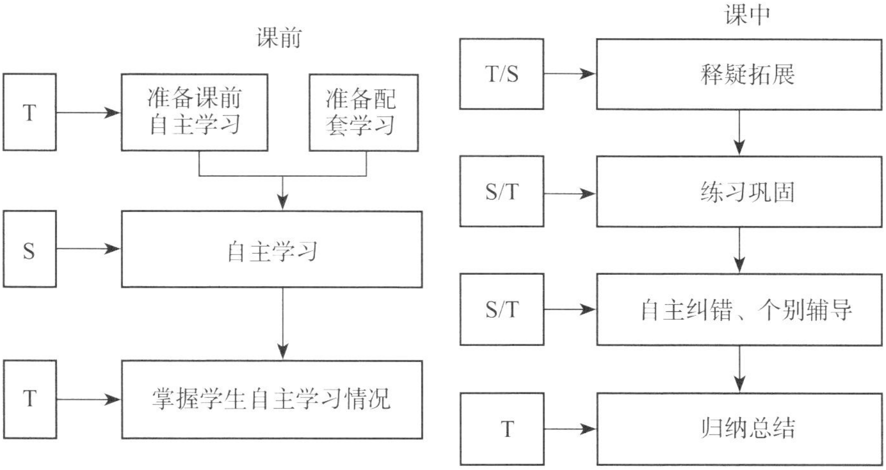

图 6-2　微课程教学法的教学模式①

（一）课前三环节

1. 制作任务单，并创建与任务单相匹配的学习资源

在制作任务单之前，应做好充分的准备工作，首先，明确任务单的主题，然后在对任务单的主题有清晰、明确的把握和认识的基础上，深入地调查和研究教材上的具体内容和学生已有的语法知识情况。其次，将语法知识的重难点和学生整体掌握相对比较差的语法知识点挑选出来。最后，结合所选知识点创

① 郭晶晶 . 跨文化交际与英语教学的融合研究 [M]. 北京：北京工业大学出版社 , 2019.

建与任务单相匹配的学习资源。其中，相匹配的学习资源应主要以“微课”的形式出现，并且应能够将内容呈现清楚。具体而言，教师可以借助多样化的形式如图片、表格等将学习资源呈现出来，时间的长度应尽可能地控制在10分钟以内。

需要注意的是，为了更好地优化英语语法教学和学习的效果，教师通常应提前将这些学习资源和任务单发给学生。

2. 学生自主学习

上述提及的一些任务单、配套学习资源都可以通过现场拷贝、班级群共享等形式提供给学生。这样一来，学生可以自主地开展课前的学习，提前对任务单上罗列的任务产生明确的认识，并且还能将自主学习过程中遇到的一些问题提前记录在任务单下方，然后将之交给老师。

3. 教师掌握学生的自主学习情况

在上述两个环节的基础上，教师能够对任务单的完成情况和学生遇到的一些问题有一个整体性的认识。这样一来，教师不仅能够根据具体情况进行课堂教学准备，还能够提高教学的针对性和目的性。

（二）课中的四大步骤

微课程教学法在课中包括以下四个步骤：

1. 释疑拓展

释疑拓展具体是指教师应以学生的任务完成情况和遇到的问题为参照，在课堂上针对学生遇到的问题进行详细讲解，同时可以根据学生的实际情况对某一语法点进行延伸或拓展。

2. 练习巩固

练习巩固具体指的是教师分配课堂任务作业，先让学生独立完成，然后进行组内讨论，最终完成指定的题项。通常情况下，教师可以安排小组代表上台为全班学生讲解解题的全过程，以便对所学的语法点进行巩固和强化。

3. 自主纠错、个别辅导

在这一步骤中，教师应要求学生对其语法失误进行自主分析，并查找失误的原因。如果学生遇到了一些疑难问题，可以向教师请教，教师可以对其进行有针对性的指导。

4. 归纳总结

在课堂结束之际，教师应对本节课的所有语法知识点进行相应的归纳和总结。

三、语境教学法

任何语法都是在具体的语境运用过程中呈现的，因此与具体的语境相结合来阐释语法知识是使用频率比较高的语法教学法。学生在语境中对语法规则进行体验、感悟、总结和运用，不仅能够很好地学以致用，而且能够提升其交际能力，这是同大学英语语法教学的理念相一致的。

在英语交际过程中，语境通常比较复杂，并且涉及不同语言、不同文化背景下人们的交际语境。这种借助语境进行的语法教学正好有效地弥补了传统语法教学中忽视外在语言环境这一不良情况。

下面就结合几种利用语境来设计的英语语法教学方式进行具体分析。

（一）借助语篇来设计语境

语篇是包含特定语境的各类语法形式的有机组合形式。基于语篇的这一特点进行考虑，语篇能够为语法规则的归纳、比较、总结等提供较好的上下文语境。大学英语语法教学中一些常见的语法知识点和项目，如冠词的使用、时态、主谓一致关系和非限定性动词的使用等，通常都应置于一定的上下文语境中。只有置于特定的语境中来讲授这些语法知识，才能更加充分地体现这些语法项目蕴含的意义。

从时态教学来看，传统的英语语法教学都是运用句子来讲授各种时态的，各个时态间相区别的标志也通常是句中出现的一些标志词，如“just now”“often”等。这种形式的教学其实有其固有的局限性，因为单纯地局限于句子通常使学生很难全面地掌握某一时态的具体用法，并很难依照语义需要正确地选择具体的时态。因此不管句型操练多少遍，一旦该时态出现在某一语篇中的具体语境中，学生就比较难把握和熟练运用这些时态，进而会导致在语法规则的形式、意义、用法等层面产生矛盾。因此，借助语篇来设计语境，能够让学生在一个比较高的层面上对时态的意义和用法进行全面的把握。需要注意的是，借助这种方法来教授语法，也对教师提出了更高的要求，要求教师精心地设计和选择语篇，并进行充分的备课。

（二）借助多媒体教学手段来设计语境

考虑到多媒体集图、文、声、像于一体这一优势，借助多媒体能够为语法规则的学习和教学提供使用语言和用语言进行交际的具体情境，并且能够使静态化枯燥的语法知识变得更加立体、富有趣味，进而充分调动学生学习的主动性和积极性。例如，在情态助动词“can”“may”“must”“shall”“would”等的教学中，部分学生通常自认为已经掌握了这些词的规则和意义，但是在其与以英语为母语的人士进行交际的过程中，常常由于用词不当而给人一种语言运用不熟练的感觉。针对这一现象，教师可以有效地运用多媒体手段，制作一些简单的动画或者播放同教学内容相关的情景短片，使实际的交际场景得以再现，或者借助于巧妙的课堂设计，让学生在对情景语境的模拟中来反复使用语法规则，对这些语法规则的用法意义进行体会、比较、感知和总结，进而达到完全掌握语法知识这一最终目的。

（三）借助现实场景来设计语境

大学英语语法教学是发生在特定的时空和场合的，是在师生之间展开的一种教学模式。一些从表面上看似单调乏味的日常教学事实，大多蕴含着鲜活的情景语境。因此，教师应善于发现并对这些现实场景进行充分利用，同时结合语法规则的特点来设计语境。

以祈使句这一语法项目的讲解为例，祈使句的主要功能为表达命令、指示和请求，也可以用来表示劝告、建议、祝愿、欢迎等意义。现代英语中的祈使句又可以分为第二人称祈使句和第一、第三人称祈使句两大类型。其中，第二人称祈使句将听话人“you”作为祈使对象，且“you”通常并不显现出来。第一、第三人称祈使句通常是以“let”为引导词，其中第一人称的祈使句以说话者自己“me”为祈使对象，第三人称祈使句以“him”或“them”为祈使对象。在具体的语法教学中，教师可以利用师生的身份并配合不同的场景来开展相应的情境教学。

四、练习法

语法教学作为语言教学中的一项重要内容，其最终目的是让学生能够将语言知识运用到实际中，从而更好地培养学生的综合素质和能力。为此，大学英语语法教学需要教师对语法练习进行科学、合理的选择和设置，有效地组织学生进行语法项目的操练。但是，采用练习法来操练语法项目并不是盲目进行的，而是分阶段进行的，通常需要遵循循序渐进的原则以使学生达到熟练应用的目的。

一般而言，需要先通过模仿、替换、不断重复来进行机械式训练。机械式训练通常要求学生不必理解句子的含义就能做出迅速、正确的反应。然后，通过造句、仿句、改句、改错、翻译等方式来进行内化训练。内化训练通常要求学生围绕教学内容进行练习，要求学生达到熟记、理解的程度，并能做出正确的反应。最后，教师可以借助场景对话或问答形式之类的口语训练进行交际操作训练，使学生能够综合运用所学的语法知识，并能组织语言迅速作出反应并回答问题。

第三节 文化语境下英语听说教学法

一、大学英语听力教学方法

通过分析当前我国大学英语听力教学现状，能够明显地发现学生英语交际能力提升和发展的瓶颈就在于听力理解。也就是说，学生仅掌握语法和词汇知识是不能顺利完成跨文化交际的，还需要提升其听力理解能力。因此，有必要寻找能够有效提升学生英语交际能力的英语听力教学法。

（一）多媒体辅助英语听力教学

多媒体辅助英语听力教学是一种特殊的英语听力教学方法，与传统的听力教学方法有所不同。当前，我国高校英语听力教学普遍应用的还是以完成听力材料为教学任务的传统教学方式。基本教学步骤是：首先，播放录音，学生完成听力练习；其次，教师组织核对练习答案；最后，再次播放录音，检查疏漏之处，同时讲解生词和疑难句型，加深对听力材料的理解。这种教学方式实际上训练的是学生通过考试的能力，而不是跨文化交际真正需要的听力技能。

当代大学生学习英语是为了运用英语进行跨文化交际，而不是追求语言形式的正确性。这是语言学习的本质，也是大学英语听力教学的最终目标。因此，听力理解和口语表达的训练必须紧密联系在一起，不可单独进行。在此背景下，多媒体辅助英语听力教学应运而生。

多媒体辅助英语听力教学符合语言教学的规律，能够充分调动学生的听觉、视觉，并与口语表达结合在一起，在形象生动的环境中，提高学生的英语运用和交际能力。而为这种教学方法提供硬件支持的便是多媒体语音实验室。

在多媒体语音实验室中，音频视频系统、语言测试系统、网络系统及电脑磁盘信息输出系统等使听力教学变得更加形象和直观。学生在进行听力训练的同时，能够从直观的形象中获取到更多与听力材料有关的文化信息，这对于学生了解文化间的差异、增强对文化差异的敏感性有很大的作用，也为其口语交际提供了更多的表达方向。

多媒体语音实验室的类型有许多，如听说型语言实验室、视听说对比型语言实验室、听说对比型语言实验室、听音型语言实验室等。随着网络信息技术的发展，近几年还出现了数字语音实验室、移动语音实验室、无线语音实验室等新型的语音实验室。这种听力教学环境对于提高学生的听力理解能力、感知能力、创造能力和交流能力有极大的促进作用。

（二）三段式教学法

三段式教学法是在任务教学法、交际教学法以及图式理论的基础上发展起来的。早在 20 世纪 70 年代，英国伊林高等教育学院的听力教学法专家玛丽·安德伍德（Mary Underwood）就通过研究听力理论和记忆心理规律，将听力教学分为三个阶段，即听前阶段、听时阶段和听后阶段，并且每一阶段都有一个清晰的、具体的教学任务。这种听力教学方法受到了国内外的广泛关注，但并未在我国的英语听力教学实践中得到发挥和应用。之后，随着语言学理论、教育学理论的发展以及英语听力教学地位的提高，三段式教学法逐渐被人们所熟知。

1. 听前阶段

听前阶段的主要任务是激活学生头脑中原有的词汇图式及语言背景知识，使其集中注意力，做好听前准备。在听前阶段有以下三种导入方式：

（1）实例、图片导入。在练习一些以真实的对话、新闻、故事等为内容的听力材料时，教师不仅可以收集与之相关的实例或图片进行课前导入，还可以创设真实的语言场景并针对场景进行提问。这一活动的目的是帮助学生根据已有经验进行合理预测。

（2）视频、歌曲导入。在听力训练开始前播放英文视频或歌曲，能够使课堂气氛更加活跃。同时，英文视频、歌曲也是英语文化的重要组成部分，对于提高学生学习英语的热情有很大帮助。

（3）关键词导入。导入听力材料中的关键词，是一种降低听力训练难度的有效方法。

2. 听时阶段

听时阶段的主要任务是提高学生引出问题及解决问题的技能。教师应根据学生的英语水平较好地把握听力材料和听力任务的难度，使其既有挑战性，又不会打击学生听力训练的积极性。在听时阶段，教师要做好以下几方面。

（1）教师要有针对性地选择与学生英语听力水平相符的听力题型。

（2）指导学生提取关键词句，以掌握文章的中心思想。

（3）培养学生的听力技巧，如速记。

3. 听后阶段

在听后阶段，教师可以根据听力材料内容指导学生进行拓展练习。例如，角色扮演、对话练习、问题讨论、写作等任务练习。拓展练习的目的是帮助学生回顾听力材料中的语音语法、词汇、句子表达等，检查及测试听时的记忆情况，以便更好地完成听力教学任务，实现学生的全面发展。

总的来说，在大学英语听力教学中应用三段式教学法，需要注意以下几点。

（1）每个阶段的教学活动都要与听力训练具有相关性，同时还要具有多样性和趣味性。

（2）提高学生的听力技能、培养学生的听力兴趣是听力教学的主要任务。同时，听力教学活动不能只培养听的技能，还要给学生创造交际的机会。

（3）听力难度要符合学生当前的语言水平，教师可以根据实际情况对听力教材进行一定的修改。

（三）策略教学法

大学英语听力教学实践是一个不断变化发展的过程。早期的视听教学认为，听力理解的能力无法通过教育获得，听力能力是在逐渐积累和融会贯通中掌握的。之后，经过一段时期发展的英语听力课开始使用一些带有听力理解题的篇章作为听力材料。随着文化语境下的英语交际的发展和英语地位的提高，人们逐渐开始关注听力的策略问题，教师在英语听力教学中也开始有意识地教授学生如何有效地去“听”。

语言学习策略可以分为三种类型，即元认知策略、认知策略、交际情感策略。其中，元认知策略的有效使用对于语言的学习具有重要意义。这一策略能够指导学生对整个语言学习过程进行思考，并通过对认知活动的计划、监控，培养学生的预见能力，同时能够指导学生在认知活动完成后进行自我评估。因此，要想使学生提高听力理解的能力，就要加强听力策略意识，加强对元认知策略的使用。因此，策略教学法可以解释为“源于策略指导的一种教学方法”。策略教学法的教学目标是教会学生“听”的技巧和策略。

在运用策略教学法进行英语听力教学时，教师首先要使学生明确语言是如何发挥功能的，其次使学生形成听力“策略意识”，最后指导学生掌握更多的听力策略，以应对听力任务。

英语听力材料的形式多种多样，涉及的内容主题也十分丰富。通过对众多的英语听力材料进行对比和分类，往往能够发现某些听力材料在结构、逻辑等方面表现出相同的特色。这时，如果掌握了相应的听力策略，就能轻松地完成听力任务。常见的英语听力策略有精听、泛听、寻听、略听、预测等，下面就对这几种听力策略进行简要分析。

1. 精听

精听策略对学生的听力水平有较高的要求。学生要在注意力高度集中的情况下，尽量听懂材料中的每一句话，甚至还要准确把握语音和语调。

听力任务中需要采用精听策略的题型常见的就是“听写”。学生只有听清材料录音或教师口述中的每一个词、每一句话，才能顺利写出原文，完成听力任务。除了“听写”以外，学唱英文歌曲和语音、语调模仿练习等任务同样需要掌握精听策略。

总的来说，精听策略的目的在于使学生熟悉目的语使用者的语音、语调等，同时发现并纠正自己的发音问题，以提高听力理解能力。

2. 泛听

泛听策略不需要学生完全听懂材料中的每一个词、每一句话，只需要整体把握所听内容的主旨、大意即可。

需要采用泛听策略的常见听力任务有以下两种形式。

（1）标题探索。这种听力任务的主要目的是考查学生对听力材料大意的理解，具体包含以下几个步骤。

第一，教师根据听力材料拟定几个主题，作为听力材料的备选标题。

第二，教师介绍听的任务，使学生在听的时候能够将注意力集中在对所听内容大意的把握上。

第三，教师播放录音或录像。

第四，学生根据对录音或录像内容大意的理解选择适当的标题。

（2）排序。这种听力任务的主要目的是考查学生对材料内容中主要故事情节信息的掌握。一般这种听力材料多为记叙性的内容，具体包含以下几个步骤。

第一，教师打乱听力材料中故事的主要情节顺序。

第二，教师介绍听的任务，要求学生注意事件发生的主要线索、顺序。

第三，教师播放录音或录像。

第四，学生根据所听内容，将打乱顺序的情节重新排序。

总的来说，泛听策略的目的在于使学生更多地接触语言现象，提高其听觉的反应能力和对所听内容的整体理解能力，从而巩固和扩大精听的成果。泛听是一个连贯的过程，听者不需要将注意力过多地集中在对个别的生词、短语的理解上。

3. 寻听

寻听策略是指为了寻找特定的信息而有针对性地听，能够减少听的负担，提高听的效率。

需要采用寻听策略的常见听力任务有“复式听写”，即教师在听力任务开始前，将材料的焦点、关键之处部分去掉，而学生需要在听的过程中将注意力集中在这些关键部分，并根据所听内容补全信息，具体包含以下几个步骤。

第一，教师根据听力材料的难易程度以及学生的英语听力水平，将听力材料的关键词或关键内容挖空，挖空的部分可以是单词、短语或完整的句子。

第二，教师将挖空的材料分发给每个同学，并介绍听的任务。

第三，教师播放录音或录像。

第四，学生根据所听内容补充信息。

总的来说，在运用寻听策略时，可以根据任务的难度，适当地增加听力材料的播放次数。

4. 略听

略听策略是在听的过程中将注意力集中在篇章的题目、首句和尾句以及关键词上，对听力材料中的细节内容不必过分关注。

需要采用略听策略的常见听力任务是“听与画”。这种听力任务多适用于描写性的听力材料。学生可以用简单的图画形式将所听到的内容表示出来。同时，教师还可以对一幅画进行文字描述，然后用英语传达给学生，从而进行听与画的练习。具体包含以下几个步骤。

第一，教师选择题材、难度与学生的听力水平相符的听力材料。

第二，教师播放录音或朗读，也可由学生朗读。

第三，学生在听的同时完成绘画。

第四，学生间相互比较画的图画。

第五，教师展示正确的图画。

5. 预测

预测也是听力测试中的重要策略。听力播放之前和听力过程中都可以进行预测。

在听力播放之前，学生可以根据已有的听力材料或者听力任务的相关要求进行预测。在听力过程中，学生可以根据已经播放的信息进行预测，即根据上面听到的内容来预测下面要说的内容。

二、大学英语口语教学方法

通过对当前大学英语口语教学现状的分析，我们逐渐意识到转变英语口语教学模式、改变教学方法的重要性。在跨文化交际的大背景下，教师只有根据口语教学的实际情况灵活选用教学方法，才能提升学生的口语表达能力。

（一）语境教学法

语境教学法就是教师在语境理论的指导下，开展备课和口语教学实践工作，并帮助学生掌握运用语境知识进行口语学习的方法。语境教学法始终以培养学生语言应用能力为大学英语口语教学的原则。

1. 语境教学法的特征

大学英语口语教学实践证明，语境教学法本身具有许多相对稳定的特征。分析语境教学法的特征，对于理解其含义、掌握其运用方法，进而更好地指导英语口语教学实践有重要意义。下面简要介绍语境教学法的几个重要特征。

（1）真实性。真实性是语境教学法最基本的特征，这与其倡导的“真实的语言环境”是相互联系的。

首先，语境教学法要求在真实的课堂交际活动中开展口语教学，其教学目的是培养学生真实的言语交际能力。

其次，语境教学法中口语教学的内容具有真实性，是在了解学生本身口语学习的特点和需求的基础上设定并呈现的。

再次，学生作为口语教学实践的主体，其自身的知识水平、表达能力、性格特点、学习要求、学习方式等都是一种真实的存在。

最后，语境教学是在特定的社会文化背景下进行的，无论是口语教学实践中的具体教学情景，还是根据教学内容人为创设的虚拟语境都必须具有真实性。

（2）制约性。语境教学法的制约性体现在两个方面，一是微观方面，二是宏观方面。在微观方面，语境或多或少地对各种具体教学活动的实施和开展都有制约作用；在宏观方面，社会文化语境，如政治、经济、文化、心理、价值观、道德观等，对语境教学的各个方面有着制约作用。总的来说，微观与宏观两个方面都对英语口语教学实践的成功有着重要的影响。

（3）动态性。语境教学法的动态性主要与英语口语教学实践中临时性的语境因素有关。具体来说，英语口语教学的课堂语境总是变化的，课堂口语交际活动的展开过程中总会出现一些突发性的因素，如学生在言语交际活动中不能正确地表达思想或者无法理解教师的讲解。这时，教师就要转变教学方法，重新组织教学活动，并且调整课堂交际目标和教学目标。总之，教师与学生都要根据语境因素的变化适时调整自己的言行，以保证语境下的英语口语教学的顺利开展。

（4）自发性。在语境下的英语口语教学中，教师和学生都是交际活动的主体，都具有主动性和创造性。如果能够较好地利用语境因素，特别是利用交际环境和言语知识的有机联系，就能够突破情景语境和社会文化语境的制约，通过交际环境的解释和联想功能，使理解和表达更加准确、深刻。

2. 应用语境教学法须遵循的原则

运用语境教学法进行大学英语口语教学，除了要遵循口语教学的一般原则外，还要结合语境因素确定明确的交际目标，加强合作，并创设得体的语境。具体而言，应用语境教学法需遵循以下原则：

（1）目标原则。英语口语教学要有明确的教学目标，同样地，课堂中任何一个口语交际活动都要有明确的交际意图和交际目的。运用语境教学法时，将交际目标进行细化，便形成了多个小的交际意图。同时，交际目的和交际意图的制定还要以学生的学习需要为基础，尽可能地使口语交际活动的目标契合学生的学习需要。

（2）合作原则。相互合作是成功交际的基础，只有交际双方都遵循一些共同的原则，交际才能顺利进行。因此，英语口语教学实践中也要遵循合作原则，主要体现在以下三个方面：

首先，体现在语境中教师话语的数量上。在语境教学法中，教师话语内容的详尽程度和包含信息量的多少将直接影响语境教学的效果。一方面，教师要清晰明确地给出关于创设语境和交际任务的必要知识；另一方面，教师还要注意话语的数量，其包含的信息量要适度，以便给学生留下思考和探索的空间。

其次，体现在语境中的教师话语的质量和话语关联性上。其中，话语的质量主要是指交际双方话语的真实性。在特定语境下的口语交际中，无论是师生之间还是学生之间，都要言之有物，不能泛泛而谈。话语的关联性是指交际活动与特定语境的相关性。只有在特定语境范围内进行交际活动，才能保证交际的有效性。

最后，体现在语境教学法使用过程中的话语方式上。过度地灌输言语知识并不能有效地提高学生口语交际能力，只有真实的口语交际才能提高学生的口语水平。

（3）得体原则。创设得体的语境是口语交际活动顺利开展的基础。得体原则主要体现在以下四个方面。

首先，语境的创设要以社会现实生活为基础，同时符合学生的个性特点。以现实生活为基础能够使学生对语境的理解和接受变得更加容易。此外，学生在与自身的知识水平、生活背景、个人经历、年龄等相符合的语境中，能够更有效地进行口语互动学习。

其次，语境教学要符合语言规律和教学规律。教师在英语口语教学中要以教学大纲、教学目标为依据，在遵循英语的语言规律和口语教学实践的客观规律的基础上，进行语境的设置。

再次，语境的设置要具有趣味性。精彩有趣的语境在英语口语教学实践中发挥着重要作用，不仅能够吸引学生的注意力，提升学生参与表达和交流的积极性，还能使学生产生强烈的求知欲望，从而在和谐幽默的教学氛围中，缓解紧张的情绪，消除师生间的隔阂，摆脱交际困境。

最后，语境教学本身具有灵活性。教学本身就是一个动态的过程，任何教学方法都没有一成不变的模式，都需要在实际教学过程中，具体问题具体分析，从而不断地进行适当的调整和修改。

3. 应用语境教学法的具体做法

在大学英语口语教学中应用语境教学法，实际上就是发挥语言语境、情境语境和文化语境的作用，同时明确交际意图。在大学英语口语教学实践中要想应用语境教学法来有效地提高学生的口语会话能力，可以采取以下措施。

（1）熟悉语言环境。口语教学的语言环境包含语音、词汇、语法和背景知识等多种因素。同时，语言语境可以分为语音语境、短语语境和句子语境。语言环境在帮助学生确定词、短语或句子在文本中的含义方面有很大的作用。学生在多次的言语交际活动中辨析语音、理解词汇和语法结构、组织语言、表达思想时，实际就是在运用语言语境来促进英语口语能力的提高。

为了熟悉语言环境，教师可以尝试以下方法。

首先，用 1 个至 2 个课时向学生讲解在口语交际活动中需要注意的内容，从而减轻学生的思想负担，使学生轻松练习口语会话。

其次，开展课前演讲活动。演讲活动的具体内容和形式应该是多种多样的，教师可以拟定一个题目或创设一个情境，也可以让学生自主选择情境语境。

再次，请学生对演讲活动进行评价。评价的内容可以是演讲活动的各个方面，如演讲者的语音、语速、语调、体态语等。这一环节的目的在于检验口语教学的效果，同时发现并提出学生口语表达的不当之处，进而帮助其改正。

最后，教师总结。在这一环节中，教师应遵循多鼓励、多表扬的原则，并做到态度和蔼，委婉批评。

（2）建构情境语境。语场、语旨和语式是情境语境建构中最主要的三个方面。在大学英语口语教学中，对这三个方面进行重点分析，能够有效提升学生的理解、推测和判断能力。建构情境语境时，教师首先要向学生介绍与当前教学任务相关的信息，如主题、参与者、传输媒介等信息。这样一来，学生就能够在任务开始前，对与主题相关的词汇和语法特征以及上下文进行预测和模糊的推断。以一段眼科医生与患者的对话录音为例。在播放录音之前，学生会预测、推断与对话内容相关的主题，如治疗眼睛，进而头脑中就会浮现出与“治疗眼睛”相关的词汇和表达，这样就降低了听力理解和口语表达的难度。

需要注意的是，每一个抽象的语境都含有无数的变量，因此仅仅根据有限的语境来进行听力教学是远远不够的。具体来说，从语场的角度，教师布置的口语任务可以保持参与者和交流媒介的关系不变，而将话题从“治疗眼睛”转变为“有效保护眼睛”。从语旨的角度，教师可以保持语场不变，而改变参与者，改变医生和病人的角色。从语式的角度，可以保持语场与语旨不变，而将口语练习改为写作作业。

（3）学习文化语境。实际上，英语交际最主要的障碍就是缺乏对目的语文化内涵的理解。也就是说，没有足够的文化背景知识，就无法从根本上提高学生的口语交际能力。为此，教师要充分重视文化差异因素对大学英语口语教学的影响，进而培养学生的文化意识，在文化语境中开展口语交际活动，如举行英语演讲、表演英文话剧、观看英文电影等。

（4）界定交际意图。帮助学生把握口语会话的交际意图能够有效地提高学生的交际能力。一些语言学家将交际意图分为两种类型：明确的意图和不明确的意图。

具体而言，口语交际中的言语本身表达出的含义是明确的意图。不能通过言语本身表达出来，而只能根据语境进行判断的含义是不明确的意图，其又有文化语境和情境语境之分。

在大学英语口语教学中，不明确的交际意图需要教师的进一步解释。教师可以创造更加生动的语境，或者鼓励学生根据文化语境和情境语境去体会和把握，这一过程有助于提高学生表达“言外之意”的能力。

（二）探究教学法

探究教学法的形成同现代教育手段与媒介的发展有很大的关系。这一教学方法的核心就是“探究”，它与传统的口语教学模式存在很大的不同，探究教学法更能体现出语言学科的特点。简单来说，大学英语口语教学中的探究教学法就是指大学英语教师利用现代教育手段与媒介，综合多种教学资源，以学生为中心，以教师为主导，通过以学生的自主学习、自我探索和自我研究为主的方式帮助学生完成语言知识和口语技能习得的教学方法。

1. 探究教学法的步骤

在大学英语口语教学中运用探究教学法一般包括五个步骤：确立探究问题、收集数据、分析解释、讨论交流以及展示评价反思，如图 6-3 所示。

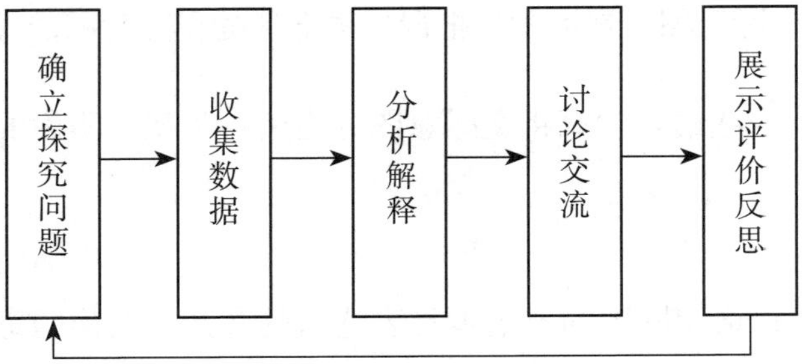

图 6-3　探究教学法的过程[①]

（1）确立探究问题。确立探究问题是探究教学法的第一步。旧问题解决后，往往又会产生新的问题，因此探究教学是一个循环往复的过程。大学英语口语教学实践中会产生多种问题，但是探究问题的选择和确立需要考虑多方面的因素。一方面，有些问题产生的原因比较简单，这些问题很容易解决，因而不必探究；另一方面，有些问题用其他方法讲解会更加浅显易懂，不适用于探究教学法。因此，教师在确立探究问题时要进行深入的分析和精心的选择，具体需要考虑以下几个方面：

首先，要考虑课程内容和先前教学中的知识积累，这是因为探究问题要在整个教学知识结构中起到承上启下的作用。

其次，要考虑问题的创设情境。教师要以教材内容为基础，创设出能够自然导出问题的情境。

最后，要考虑学生的学习兴趣与学习动机，用更加新颖的方式提出问题。

（2）收集数据。大学英语口语教学探究教学法中的数据收集指的是与语言有关的语料以及与文化、语言使用有关的艺术与策略的材料的收集。这一环节

① 郭晶晶 . 跨文化交际与英语教学的融合研究 [M]. 北京：北京工业大学出版社，2019.

的实施需要教师进行严格的把控，并给予学生收集内容、方向与来源方面的指导和建议，这样才能起到事半功倍的效果。

（3）分析解释。分析解释是探究教学法的第三个步骤，这一环节对下一环节的讨论交流有重要的影响。对收集的数据进行分析，主要围绕语义和语用两个方面进行思考，并对特定的交际情景和交际目的中涉及的词汇、语法、句式、文化、交际策略等方面的因素在交际中的功能做出解释和总结。

（4）讨论交流。讨论交流贯穿于大学英语口语教学的始终，体现在课内与课外的各种交际活动中。在探究教学法中，学生在完成课外探究之后，应结合所得在课堂上与同伴就教师提供的探究材料进行有目的的交流讨论，同时做好记录。

（5）展示评价反思。展示评价反思是探究教学法的最后一个环节，也是不容忽视的一个环节。这一环节需要注意两个方面：一是学生的展示行为是否规范，二是教师的点评内容与评价方式是否得当。

2. 探究教学法的特点

探究教学法主要具有开放性、合作探究性和实践性三个特点。

（1）开放性。开放性是探究教学法的显著特点之一，主要体现在教学内容、教学组织形式和教学管理三个方面。

首先，在教学内容上，探究教学法的内容以教材为基础，但是并不受教材的制约与束缚，其涉及的内容要比教材内容广泛得多。这是因为探究教学法往往针对某一主题进行深层次的考究，无形之中就会涉及多领域、多学科的内容。

其次，在教学组织形式上，探究教学法常常在学生与学生之间或学生与教师之间的交流、协商、讨论中展开，这种教学活动组织形式与传统的教学方法相比，具有明显的开放性。

最后，在教学管理上，探究教学法是以学生的自主探究为主的学习方式，教师只起到监督与指导的作用。

（2）合作探究性。合作探究性可以看作探究教学法的另一个显著特征，这与其本身的教学模式有很大的关系。真正意义上的大学英语口语探究教学主要依靠学生的自主探究来完成知识的学习和技能的掌握，但是仅仅依靠个人能力是无法实现的，它离不开教师的监督与指导以及同伴间的合作学习。

此外，每位学生的学习技巧、学习方法、学习能力等都是存在差异的，但也是可以进行互补的，因此要拓宽探究内容的广度与深度，就必须加强学生间的合作，增进互补性。

（3）实践性。大学英语口语探究教学的实践性是由大学英语教学的目标决定的。当今社会对英语人才提出了更高的要求，要求英语人才不仅具备扎实的语言知识和技能，还要具备熟练的英语运用能力，而探究教学法为学生提供了充足的思考和使用英语的实践机会。

（三）多媒体教学法

多媒体技术应用于大学英语口语教学是适应英语交际发展的需要。在英语口语教学课堂中，真实的目的语交际环境是十分重要的。多媒体技术集语言、画面、声音三大媒介于一体，使学生能够在声影交错、言景结合中，轻松地融入英语语言情景中。此外，有效采用多媒体技术开展英语口语教学，还能为学生学习英语口语提供大量的语言信息，使学生在各种语言交际活动中提升自己的口语表达能力和得体的语言交际能力。

在多媒体教学技术中，慕课教学作为一种在线教学的新形式得到了较快的发展，其应用也越来越广泛。所谓慕课，即大型开放式网络课程（Massive Open Online Courses，MOOC），并不是网络资源的简单堆砌，而是以主题的方式对教学资源进行的科学呈现。

慕课教学应用于大学英语口语教学中主要有以下几种形式。

（1）仿真对话教学。学生与慕课视频教学中的国外交流者或专业的英语教师模拟现实情景，进行英语口语对话训练。

（2）为学生提供口语练习平台。慕课平台中的海量资源具有多样化、更新快的特点，学生不仅可以以这些资源为依托进行口语学习，还能丰富知识、开阔眼界、拓展思维。

（3）展开板块学习方式。为满足不同学生的口语学习需求，慕课教学将口语学习切分为多个板块，包括基本的常用语板块、服务英语学习板块、询问咨询口语学习板块、专业英语学习板块等。为提高口语训练的针对性与实效性，这些板块还可以进一步细化。例如，专业英语学习板块可以进一步切分为旅游专业英语口语训练板块、企业管理英语口语板块等。

综上所述，文化的多样性深刻影响着学生的英语听力理解能力和口语表达能力，更直接关系着听与说的效果。因此，大学英语教师必须把握时代的发展趋势，在教育部制定的教学大纲的指导下，以培养和提高学生英语交际能力开展听力与口语教学工作，这也是大学英语听力和口语教学的意义所在。

第四节 文化语境下英语阅读教学法

一、就文化主题展开讨论

教师可以将英语文化分为若干细小的主题，定时组织全班学生针对特定的文化主题进行有秩序的讨论。需要注意的是，既然是讨论，就不能流于形式，教师要保证所有学生都有效地参与，不能使一些学生受到冷落。因此，教师需要对讨论活动给予及时的监督、指导。经过讨论，学生能够不断积累文化背景知识，并且可以提高英语阅读能力。

此外，不同的文化主题，学生把握和讨论的难度不同。教师首先要确定一个合适的、可以引起学生兴趣的主题，并保证自己在整个讨论过程中处于支配和控制地位。随着讨论的主题数量的增多，学生掌握的文化背景知识也会相应地增多。这时，教师应该循序渐进地加大文化主题的难度。

在大学英语阅读教学中，就文化主题展开讨论的教学方法还有其他作用，具体如下：

（1）逐渐增强学生获得更多文化背景知识的信心。只要学生认真思考、分析、得出结论，并在讨论中自由地表达自己的见解，就会体验到一种满足感，进而增强了解文化背景知识的信心。

（2）提高学生的团队合作能力。讨论活动不能缺少规则的约束，否则就会沦为闲谈。真正有效的实质性讨论需要学生在维护秩序的同时，遵循既定的讨论规则，并在规则的束缚下，有效地开展团队合作，如此才能得出有效的讨论结果。由此可见，这种关于文化主题的讨论活动能够提升学生的团队合作能力。

（3）锻炼学生的逻辑思维。面对一个话题，学生只有认真分析、思考，才能得出有说服力的结论。面对同一个文化主题，学生会形成不同的观点，提出不同的结论。通过对不同结论的比较，学生能够自然而然地培养自己的逻辑思维能力。

（4）发展学生的交际能力。在讨论过程中，语言表达是一个关键环节。讨论就是对话，只有将自己的思想用语言清晰地表达出来，对方才能理解，进而给予适当的回应。思想在交际者之间来回传递，就是交际的过程。在这个过程中，学生的交际能力能够得到提升。

二、引导学生以语块形式开展阅读

语块是语言中频繁出现的语言结构，由多个词组成，其形式和意义比较固定，运用语境比较确定，在词汇和语法方面能够发挥一定的功能。人们通常从整体上去记忆加工、储存和提取语块。

语块具有三个特征：第一，自主性，不同组块之间是相对独立的。第二，稳定性，英语自然话语中有80%由各类板块结构组成，其变化的灵活性相对较小。第三，扩容性，语块具有相对完整的意义，不像单个词语那样孤立，它已经远远超出了词汇搭配的范围，扩大到句子甚至语篇的领域。

语言学习者难以达到和本族语者同样的水平，因为本族语者的语言知识表现为语块，而不是分析性的语法规则。语言学习者如果缺少足够的语块，语言能力就会受到限制。因此，在大学英语阅读教学中运用语块理论，能够既改善输入又提高输出。

总的来说，以语块形式开展阅读可以提高学生的阅读速度。一方面，语块把多个有关联的小组块组合在一起，使之变成一个大组块，扩大了短时记忆的容量，缩短了信息加工的时间，最终提高了学生的阅读速度。另一方面，学生在快速浏览标题、首尾段以及各段首句时，有意识地注意语篇中不同功能的语块，也可以提高阅读速度。有鉴于此，教师应先浏览全文以对文章大意有一个大致的掌握，然后引导学生学习陌生语块以扫清障碍。此外，学生在学习陌生语块时，不仅包括对词汇本身的学习，还包括对语法结构和与其语境相关的语用功能的学习。长此以往，学生按照语块形式阅读文章，就会以语块形式进行整体理解，从而提高阅读速度。

第五节　文化语境下英语写作教学法

一、输入与输出的互补

输入和输出是英语学习的两种重要形式。“读”是语言输入的一种方式，“写”是语言输出的一种方式，而输入是输出的基础，因此“读”是“写”的基础。教师在大学英语写作教学中要注重输入和输出的互补，即“读”和“写”的互补，使二者相得益彰。

“读”能够为“写”提供必要的语言材料，为学生的写作灵感带来理性的启迪。学生只有头脑中存储着写作的各种词汇、句子和衔接方式方面的素材，才能轻而易举地进行英语写作。各类体裁的阅读材料为学生提供了许多功能各异的句子框架，这些素材的输入为英语写作奠定了坚实的基础，加快了学生产出作文的速度和效率。

另外，学生只有经过了大量的阅读过程，才能提高自己的英语语感，自然而然地养成英语思维习惯。在英语写作中，有些学生感觉某种表达方式非常自然、妥帖，但是说不出所以然，这就是语感带来的效应。

二、技巧的改善

英语写作技巧的改善是一个永恒的话题。在大学英语写作教学过程中，教师应长期、持续地关注对学生写作技巧的培养，具体可从以下几方面着手。

（一）构思方面

只有经过构思，作者才能对文章有一个整体的把握。构思是写作的基础，需要贯穿于文章写作的始终。

构思的方式包括：一是思绪成串式。学生用圆圈的形式将写作主题在纸上呈现出来，然后列出与主题有关的关键字，同样以圆圈的形式表现出来，并进行总结归纳，最后确定写作思路。二是自由写作式。学生针对文章题目展开自由而丰富的联想，然后及时记录自己的想法，并从中挑出有用的信息，进而展开写作。三是五官启发式。学生的五官都会接收到一定的信息，学生需要整合这些信息，然后提炼出对写作有用的信息。

（二）开篇方面

对于一篇文章来说，好的开端就是成功的一半。开头是读者对文章的第一印象，第一印象往往给人的感受最深刻，并会影响之后的看法。因此，如果文章开头写得好，可以引人入胜，激发读者的阅读兴趣。

常见的文章开篇方法包括：第一，名言警句导入式。谚语、格言通常均富含深刻的哲理，用在开头可以有效地吸引读者的目光。第二，故事导入式。在文章开篇将一个生动的故事娓娓道来，读者会自然而然地被吸引。第三，比较、对比导入式。在开篇运用对比能够引起读者对结果的好奇心及其深思，因此这种开篇方法常用于对某种现象的突出和强调。第四，开门见山式。这种开篇方式常见于西方人的作文中，因为西方人多为直线型思维。开门见山的开篇方式爽快直接，比较容易赢得好感。第五，问答导入式。这种开篇方法的提问方式是有技巧的，比如多问人们急于知道的问题，其目的在于通过提问引起读者的好奇心。第六，定义导入式。当文章要描述一个新的概念或事物时，可以在开篇就给出定义，这样读者能够在开端打通障碍，更好地理解文章之后的内容。定义导入式常用于说明文或科普类文章。

（三）段落发展方面

在确定文章的框架之后，就要开始构思开头，紧接着对段落进行展开。可以按照以下几种方法来展开文章的段落。第一，按过程展开。这种段落展开方式适用于记叙文的写作，能够顺着事情发展的脉络逐步交代事件。第二，按时间展开。这种方法适用于记叙文的写作，在叙事时，先发生的事情先写，后发生的事情后写。第三，按逻辑展开。文章的逻辑包含思路的流畅性、段落间的衔接、句子间的连贯等。在文章的逻辑中，关联词是一个非常重要的衔接手段，能够使行文流畅，引导读者顺着作者的思路进行思考。第四，按空间展开。当描写一个地方或景物时，这种按空间展开的方式是一个可取的选择，能够增加文章的错落感和整体感。

以上四种方法可以单独使用，也可以综合使用。同时，以上四种段落展开方式的具体实施方法有很多，如类比法、因果法、事实数据法、拆开分析法、举例法、叙述法、描写法、反驳法、过程分析法、分类法、重复法、列举法、定义法等。

（四）结尾方面

结尾对一篇文章有非常大的影响，通常用于总结前文或者是内容的自然结果。

常用的文章结尾方式主要有：第一，重申主题式结尾。在结尾处对文章的中心思想进行强调，能够使读者难以忘怀。第二，总结式结尾。在文章结尾处对全文进行总结，以揭示主题。第三，反问式结尾。这种结尾方式也可以用于强调文章主题，能够起到增强语气的作用，并发人深思。第四，建议式结尾。这种方式主要就文章讨论的某种现象或问题，提出解决办法或者呼吁一种行动。第五，展望式结尾。在文章结尾表达一种愿望，可以达到鼓舞人心的目的。

三、有效的模仿

中国学生由于习惯性的汉语思维方式，常常采用翻译式写作，即先用汉语思考，然后进行汉译英。这种方式在一定程度上降低了写作效率。通常本族语者存储的是各种情境下搭配的语块，一旦需要这些语块，就能直接提取，无须对一个个的单词进行加工处理、排列组合，因此能够提高语言输出的速度和质量。仿写是解决这一问题的有效途径。通过仿写，学生可以积累写作素材，了解英语写作模式。另一种有效的解决途径就是运用语块来进行英语写作教学。

下面以运用语块进行英语写作教学为例，介绍其应用步骤。具体而言，基于语块的写作教学包括两个层次。一是较低的层次，即进行汉英互译、语块替换、语块造句、运用语块复述课文等。二是较高的层次，教师可以先将学生分成几个小组，组织学生在小组内讨论课文，然后指导学生识别不同功能的预制语块，最后进行写作。这样学生就可以节省从思维到词语再现整个认知过程中的精力，减少临时的结构分析和组合，将主要精力集中在更大的语言单位和语篇结构的层面上。此外，文章的起承转合都有相应的语块形式，这些是学生可以选择的素材。对这些语块的熟悉，可以加快语篇组织的速度，增强语篇的条理性。

第六节　文化语境下英语翻译教学法

如今，随着国家与国家之间交往的日益紧密，文化交往成为必然。要想实现文化语境下的英语交际，除了引进西方的先进文化，还需要让中国优秀文化“走出去”。大学英语翻译教学承担着文化“走出去”的重大责任，在此背景下，大学英语翻译教学改革势在必行。本节主要探讨改革后的大学英语翻译教学法。

一、交际教学法

交际教学法是一种语言教学方法，它产生于20世纪70年代初期，这种教学法以培养学生的语言交际能力为主要目标。该教学法指出，要想达到交际的目的，必须在向学生传授语言知识的同时，传授相关的社会文化知识。同时，交际教学法认为，翻译教学活动要以学生为中心，注重学生的主体性。当然，这并不意味着教师变成了可有可无的人，而是说教师的作用在于帮助学生流畅地表达观点。

交际教学法的具体实施步骤如下：首先，教师精心选择内容一致的源语和目的语文本材料，让学生对它们进行对比，并分析两种材料的语言差异和文化差异。其次，教师给学生布置有针对性的涉及文化的翻译练习，让学生在做练习的过程中培养文化意识和翻译能力。最后，学生完成练习之后，教师要对学生的翻译作品给予认真的点评。

二、技巧强调法

翻译教学中的一个很重要的部分就是向学生传授翻译技巧。翻译技巧是翻译能力的一种体现，常用的翻译技巧有直译、意译、释义、正译、反译、英汉同义等。

第一，直译法，即在保持原文的语言形式、风格以及意义不变的情况下，用另外一种语言进行表达。第二，意译法，即为了用另外一种语言再现原文的意义和内容，在语言形式上做出一些变动。第三，释义法，即当原文中某个词语无法在译语中找到对等语，也无法使用其他翻译方法时，对词语进行恰当的阐述。第四，正译法，即当英语中的某些否定形式无法在汉语中找到对等形式时，就将它翻译成肯定形式，以符合汉语的表达习惯。第五，反译法，即为了使译文符合汉语的表达习惯，将原文中的肯定形式翻译成否定形式。第六，英汉同义法，即由于英语和汉语存在意义形式上相同或相似的谚语，为了忠实地再现原文意义、内容以及谚语的形式、结构，翻译时可以套用谚语。

参考文献

[1] 王景文 . 跨文化交际与高校英语教学研究 [M]. 长春：吉林出版集团股份有限公司，2022.

[2] 张鹏，杨璐 . 多元背景下英语教学与跨文化交际研究 [M]. 长春：吉林大学出版社，2022.

[3] 刘惠玲，赵山，赵翊华 . 跨文化英语翻译的理论与实践应用研究 [M]. 延吉：延边大学出版社，2022.

[4] 高旭峰 . 跨文化交际与大学英语教学理论与实践研究 [M]. 延吉：延边大学出版社，2022.

[5] 赵素君 . 英语跨文化交际能力培养研究 [M]. 长春：吉林出版集团股份有限公司，2021.

[6] 陈夸 . 基于跨文化交际的英语教学研究 [M]. 长春：吉林出版集团股份有限公司，2021.

[7] 宏杰 . 基于跨文化交际理论的高校英语教学创新探究 [M]. 北京：新华出版社，2021.

[8] 吴艳 . 跨文化视域下的大学英语文化教学研究 [M]. 北京：北京工业大学出版社，2021.

[9] 罗瑞 . 现代英语教学理论与发展的多维研究 [M]. 北京：科学技术文献出版社，2021.

[10] 游洪南，常海鸽 . 中西文化差异与跨文化英语教育研究 [M]. 长春：吉林出版集团股份有限公司，2021.

[11] 郑静 . 商务英语跨文化教学创新研究 [M]. 长春：吉林出版集团股份有限公司，2021.

[12] 何婷婷 . 基于跨文化交际的英语人才培养研究 [M]. 保定：河北大学出版社，2021.

[13] 鲁芮汐 . 跨文化传播视角下英语翻译理论与实践研究 [M]. 长春：吉林出版集团股份有限公司，2021.

[14] 张秋爽 . 跨文化交际视阈下大学英语课程群建设 [M]. 北京：中国纺织出版社，2020.

[15] 刘强 . 文化全球化与高校英语跨文化教学 [M]. 北京：中国纺织出版社，2020.

[16] 邱晓婷 . 高校英语跨文化教学模式与问题研究 [M]. 北京：中国大地出版社，2020.

[17] 张鑫，张波，胡小燕 . 跨文化交际视阈下大学英语教学理论构建与创新路径 [M]. 长春：吉林大学出版社，2020.

[18] 袁海燕 . 大学英语跨文化教育理论与实践 [M]. 合肥：合肥工业大学出版社，2020.

[19] 卜梦然 . 跨文化英语听力生态课堂研究 [J]. 洛阳师范学院学报，2021(7): 86-89.

[20] 孙小倩 . 跨文化英语翻译在农业领域中的应用 [J]. 中国农业资源与区划，2023（7）：226，237.

[21] 张鑫 . 语言习得中的文化因素与高职跨文化英语教学 [J]. 文教资料，2022（5）：175-178.

[22] 王世斌 . "健康、成长、活力" 理念下的跨文化英语元素校服设计思考 [J]. 鞋类工艺与设计，2023（4）：15-17.

[23] 冉一鸣 . 浅谈茶文化在跨文化英语教学中的渗透 [J]. 福建茶叶，2020（11）：160-161.

[24] 杨茜茜 . 语言习得中的文化因素与高职跨文化英语教学 [J]. 陕西教育（高教），2023（12）：62-64.

[25] 陈小娟 . 基于跨文化的英语教学中文化意识渗透 [J]. 山东农业工程学院学报，2019（12）：151-152.

[26] 范明 . 对跨文化英语教学中短视频的多模态语篇分析 [J]. 科教导刊（电子版），2020（31）：215-216，239.

[27] 韩倩茹 . 探寻跨文化英语教学中的茶文化交流 [J]. 福建茶叶，2018（5）：222.

[28] 周妙妮，胡蘅芬，雷小生 . 跨文化英语教学下学生自主学习能力培养研究 [J]. 教育教学论坛，2023（49）：185-188.

[29] 丰光义 . 运用 PBL 教学方式实现跨文化的英语教学实践 [J]. 现代职业教育，2020（1）：44-45.

[30] 高琼芳 . 大学英语跨文化英语教学现状及对策分析 [J]. 新商务周刊，2017（14 期）.

[31] 任今照，田稷，陈佳欣 . 跨文化英语教学模式下培养大学生自主学习能力的策略 [J]. 新教育时代电子杂志（教师版），2022（6）：91-93.

[32] 李洁 . 跨文化英语演讲课程与信息技术整合研究 [J]. 湖南科技学院学报，2019（6）：74-75.

[33] 张琳 . 亚运会背景下高校跨文化英语教学的新理念与路径探究 [J]. 英语教师，2021（16）：67-70.

[34] 云虹 . 英汉隐喻差异与跨文化英语教学 [J]. 内江科技，2010（12）：87.

[35] 李海红 . 跨文化英语教学语境下中国文化传播策略的探究 [J]. 品位 · 经典，2019（7）：79-81.

[36] 赫丹 . 学生就业需求与跨文化英语交际能力培养 [J]. 长春教育学院学报，2012（4）：32-33.

[37] 马萍 . 跨文化英语课堂教学的系统工程分析 [J]. 佳木斯大学社会科学学报，2010（4）：189-190.

[38] 樊伽利 . 分析跨文化英语商务谈判中的中西文化差异及应对策略 [J]. 消费导刊，2018（8）：115.

[39] 黄辉辉 . 全球化背景下跨文化英语通识课程群建设 [J]. 安阳师范学院学报，2018（4）：118-122.